哲學輕鬆讀

生老病死間的大哉問?

黃珮華／著

三民書局

國家圖書館出版品預行編目資料

生老病死間的大哉問／黃珮華著.——初版一刷.——
臺北市: 三民, 2017
面; 公分.

ISBN 978-957-14-6294-3 (平裝)

1.生死學 2.生死觀 3.生命哲學

197 106008040

© 生老病死間的大哉問

著作人	黃珮華
責任編輯	陳怡安
美術設計	黃顯喬
發行人	劉振強
著作財產權人	三民書局股份有限公司
發行所	三民書局股份有限公司
	地址 臺北市復興北路386號
	電話 (02)25006600
	郵撥帳號 0009998-5
門市部	(復北店) 臺北市復興北路386號
	(重南店) 臺北市重慶南路一段61號
出版日期	初版一刷 2017年6月
編號	S 100350

行政院新聞局登記證局版臺業字第〇二〇〇號

ISBN 978-957-14-6294-3 (平裝)

http://www.sanmin.com.tw 三民網路書店

序言

這本書的成書，有賴許多機緣的成全。

我對哲學開始有興趣，是國中時在 LGS 圍棋網上結識了當時在德國留學的葉達良老師，葉老師每週擔任網友的解棋志工外，下課後還會向大家談談哲學，對這門學科的好奇，基本上是從那時開始。至於對本書所主要探討的領域，科學研究與醫療行為中的倫理問題產生興趣，則是在劍橋大學求學時，受到 Tim Lewens 教授以及當時擔任研究員，現任教於英國南安普敦大學的 Elselijn Kingma 教授的啟發。兩位教授的指導，不管是正式的還是非正式的，都對我日後在編寫此書上有很大的影響。

我特別要感謝賴天恆學長引薦我參與三民書局的哲學輕鬆讀計畫，使此書有出版面世的可能。我同時也要感謝好友賴智信醫師、林鈺淳醫師提供了我許多第一線醫師在醫療實務上的觀點，甚至還寄臨床論文讓我參考。我也要感謝蕭伶仔、李瑞竹這兩位學識淵博的好友，幫忙我釐清一些重要的概念該如何用中文表達，拯救我殘破不堪的中文。好友黃煜翔、劉立恆、鄭詠文常常透過網路詰問我對這些議題的看法，無形中也幫助我形塑出整本書的架構。在最後修訂階段，中正大學哲學系的祖旭華老師不厭其煩地跟我一起檢討裡頭的論證表達是否清晰、哪邊可以再多做一些說明，往來了多封信件，對這本書的成書，幫助非常的多，真的非常感謝。雖然獲益於這麼多朋友的幫助，但百密一疏，書中若仍有錯漏，都是我審稿不力，希望讀者見諒。

最後，我最感謝的還是我的父母，黃大安先生與李永香女士，謝謝你們在這樣的世道下，選擇無條件的支持我走上職業哲學家的這條路。沒有這些幫助，這本書就沒有成書的機緣。

二〇一七，五月，誌於墨爾本

生老病死間的大哉問

目次

序言

前言 001

一、基因不基因？檢查不檢查？ 013

1. 優生保健其實是種歧視？ 021

2. 「反歧視」，所以一切的基因檢驗都不應該做？ 024

3. 難道我們不該堅持每個孩子都一樣好？ 029

4. 基因檢測難道不會帶來更不公平、更不正義的社會？ 034

5. 提倡公平正義就能解決一切的問題嗎？ 040

6. 每個檢測都會牽涉到公平正義或是加劇貧富差距的問題嗎？ 042

二、什麼時候可以墮胎？總是可以？有時候可以？永遠不可以？ 047
1. 墮胎就是殺人？ 050
2. 是人，就有生命權？ 054
3. 兩害相權取其輕 063
4. 我的身體，我來主宰才是重點？ 067
5. 擁有「成為人的可能」才是關鍵？ 071
三、想要更好，何錯之有？ 081
1. 藥物根本不會讓人真的變得更好？ 085
2. 只有你變得更好，難道公平？ 090
3. 治療？還是作弊？ 094
4. 到底什麼是正常？ 101

5.更完美？還是喪失了自我？ 110
四、想要好好離開，不行嗎？ 121
1.死亡到底是什麼？ 126
2.「讓」他好走、「幫」他好走，真的不一樣嗎？ 131
3.該怎麼迎向終點是我的事，跟別人有什麼關係？ 139
4.再好的制度，都有被濫用的可能？ 142
五、當專業上最好的決策與病人的個人意願相左時，該怎麼辦？ 149
1.健康當是醫師的首要顧念？ 155
2.因為醫生都是為你好，所以都該聽醫生的？ 158
3.不管好壞，我的身體當然是我自己來決定？ 169
4.代替意亂情迷的人做的決定，只是實現他真正的希望？ 178

前言

很近又很遠……那些常被忽略的哲學問題

在臺灣，一般人聽到哲學的反應大概有下面這幾種可能：

一、哲學好抽象噢！都不知道哲學家在高來高去高什麼的。

二、哲學不就是《易經》算命？

三、哲學家是不是最後都自殺了？

嗯……這個充滿負面觀感的清單，其實還可以繼續寫下去……受過一點專業哲學訓練的人，聽到這些反應往往是覺得又好氣又好笑。氣是氣在於，這些對哲學的想法，其實偏離事實偏離得非常遠。大部分的哲學家，就算是臺灣的哲學家，都不知道要如何用《易經》幫人算命，那是另外一種專業；還有，哲學家並沒有都去自殺。而好笑的點，則在於這些立即的反應其實本身就很哲學，只是當事人沒有發現而已——「不知道」哲學家在高來高去高什麼這個問題，正好就涉及到了「為什麼我們有的時候會無法理解別人想要說什麼」這樣的哲學問題。而詢問哲學是不是就是什麼什麼樣的東西，或者是學哲學是不是會「導致」如此這般的結果，比方說上面舉例三的哲學家是不是最後都自殺了，這些問題本身也非常的哲學啊！說我們不分男女老少，每天都會碰觸到無數哲學問題，或許也不算太誇張。

如果真的覺得太誇張，那保守一點地說，人一生中所經歷的生老病死的必經過程，我們用什麼樣的態度去看待，其實都跟我們的哲學觀息息相關，這樣的講法絕大多數人應該都能欣然接受吧？會以為哲學很遙遠，其實很大一部分的原因來自於，我們常常沒有辦法在當下察覺到，我們所經歷的、面對的問題之中，其實有許多的「哲學」。就以人生最一開始的那段期間來說，其實作為胎兒的我們，就已經被當作哲學思辨的課題，反覆被思考了很多次。

除了那些「天天疑神疑鬼、覺得這個世界很有可能都是假的，其實我們根本沒有身體，每天接觸到的事物其實都是電腦模擬出來，然後發送給大腦的訊號而已的人」以外，大部分的人大概都相信自己是從媽媽的肚子裡，經過九個月懷胎，最後生下來的。而在這段懷胎的故事以外，大部分的人也相信受孕是經由精卵結合而來，而這個精卵結合最後形塑出我們現在的樣子的故事，又與基因、遺傳等等的生物學故事緊密的相扣在一起。而這些科學理論在當代，不只影響科學家的研究進路，他們還深深地影響到我們當代的醫療實務。這些改變，有點像是被潘朵拉打開的盒子，帶來許多在過去未曾出現過的哲學問題。

因為科技的進步，我們現在可以在胎兒還在母親腹中時進行一些基因檢驗，好比說，要不要做「羊膜穿刺」來檢查還是胚胎的你我健不健康呢？如果基因檢查結果顯示我們有極高機率有些殘疾，甚至是嚴重的殘缺，我們的爸爸媽媽道德上應該要堅持生下這樣的我們嗎？如果因此選擇終止懷孕，那我們的父母做出的選擇，跟殺人有什麼不一樣？另外，醫生說基因異常就基因「異常」嗎？誰規定哪些人是正常，哪些人又是不正常的？這些問題這樣猛一讀，可能覺得眼花撩亂，一時之間不知道自己對此到底有些什麼想法，然而這些疑問，確實困擾了許多父母親。

除了要不要接受羊膜穿刺等基因檢測的問題以外，「墮胎」則是另外一個與生命肇始有關的、但相較之下比較少人真正經歷的問題。中國過去的一胎化政策以及印度的婦產科醫師，近年來常遭國際各大組織批評造成男女比失衡問題，牽涉到的其實不只是未來這兩個國家會有許多男性在適婚年齡時無法找到婚配對象，在長遠的人口結構改變與經濟問題之外，相關的性別比數據令許多人感到不舒服的原因，來自於造成失衡的「原因」是什麼。這樣大幅度的失衡，已經遠遠高過統計預測的正常波動，其中肯定有人為因素介入，比方說利用羊膜穿刺的技術來檢測胎兒性別，幫助準父母了解腹中的胎兒是否是自己偏愛的性別，若不是，就馬上安排引產手術，否則新生兒的性別比不可能有如此大的差異。這樣對新生兒施行性別篩選，其中的道德代價高的令人不安。

道德上比較無害的，可能是在人工受孕時直接選擇胚胎的性別；但在這兩個國家，許多國際組織懷疑，大多數人選擇的手段是墮胎與殺嬰，而這也是這些數據使我們多數人感到難過，甚至是憤怒的原因。這個憤怒，其實也反映了我們對這個行為的哲學觀、道德觀：墮胎是不對的。又或者說，純粹因為想要生下男嬰，所以選擇終止懷孕是不對的。畢竟現在很少人會堅持無論如何墮胎都是不道德的行為，就連一向保守的羅馬天主教教廷都表示過，在某些特殊的情況底下是可以放棄胎兒的生命。如果是這樣，那麼，到底我們在哪些情況下有好理由支持墮胎？為什麼孩子的性別不能當作一個墮胎的好理由？這樣的問題其實也非常哲學，不是嗎？

或許這些問題還是有點太過遙遠——雖然我們無法避免在人生中思考一次或兩次這些問題，但它們畢竟也只出現在多數人的人生中那樣一次或兩次呀！接下來的問題，應該就沒有那麼遙遠了。有些人甚至可能每隔一陣子就會認真的思考這些問題：怎麼活才能活得更好更精采？怎麼活才能活得更健康更長壽一點？

青少年時期的我們，被各種考試追著跑，難免遇到低潮期，書怎麼念都念不進去、課本上的方程式不管老師講解幾遍都聽不懂，如果這世界上真的有哆啦A夢的記憶吐司，只要把印有課本內容的吐司吃進去，就可以記住一直記不住的歷史年表，有聰明藥可以一吃就讓我們理解力倍增，那該有多好？胡思亂想著這些可能的同時，別的思緒可能又插進來——如果真的有這些東西，靠這些東西去考試，跟作弊有什麼不一樣？而這些藥物的出現，會不會又加劇社會上的不平等呢？畢竟，這些藥物若非免費提供給所有的人，那勢必就會演變成只有經濟狀況許可的人可以「買到」，買不起聰明藥的人，在這個情況下，就不僅只是在物質生活上處於劣勢，就連未來的考試、爭取機會，都會在「聰明才智」上矮人一截？這樣的社會，是不是讓窮人連翻身的一丁點機會都不再存在？

如果平常有在關心運動賽事，那禁藥的問題或許也常是朋友間茶餘飯後閒聊的話題——有的人天生就比較多肌肉、爆發力比較強，為什麼他們天生如此就不算作弊，透過後天藥物幫助自己達到類似狀態的運動員就叫作弊？所謂的正常的狀態跟透過作弊而來的「異常」的狀態，到底要怎麼界定呢？這些關涉公平性的問題，乍看下與哲學無關，但其實「怎樣才公平」這樣的問題，一直以來都是政治哲學中的重要議題；而到底什麼是正常的狀態、異常的狀態，我們該不該把原先是治療用途的藥物，拿來當作幫我們有更好表現的小幫手，則是近幾十年來在「生醫倫理學界」中廣泛討論的問題。

談到生醫倫理學界中廣泛討論的議題，就不能不聊聊醫病關係。很少人一輩子都沒生過病、沒看過醫生。但是每個人看醫生的經驗、感受，卻又常常大不相同。醫生的人格特質當然在這之中扮演很關鍵的角色。有的人比較有耐心，病人有什麼問題都會慢慢講解；有的人比較溫暖開朗，讓人覺得醫生不是把自己當病人，而是當家人一樣照顧；也有人覺得醫生就是份專業工作，要一板一眼的把該做的檢查做完、告知病人他們知道的狀況就可以了，稍微冷淡。

不過，在人格特質之外，影響更大的或許是醫生本人對於醫生這份職業的看法。有些醫生認為，治療好疾病是最重要的事情，就算病人不願意接受自己認為最好的療程，只要能救人，病人意願並不是最重要的。有些醫生則覺得，自己扮演的角色其實比較像是協助病人找到一個適合的治療，如果病人不想要接受醫學研究上最能幫助他們戰勝病魔的療程，那作為醫生，也只能尊重病人的想法。

醫生當然是醫療上的權威，比起大多數的病人，醫生更能判斷哪些治療比較可能奏效，但是，要怎麼使用這些知識來幫助病人，畢竟不是可以從閱讀更多醫學論文就能得到答案的。如果病人堅持要喝符水來鎮壓壞東西、把癌症趕走，醫生要尊重嗎？如果病人想要自費去做與病症無關、根本不需要做的檢查，醫生也要準備好機器，把珍貴的醫療資源用在幫病人求個安心上嗎？到底醫生跟病人之間的關係是什麼、醫生在整個醫療系統中扮演的角色又是什麼？雖然我們之中是醫生的人很少，但作為病人，這些問題卻依然與我們的生活息息相關啊！

當我們來到了人生的最後一段旅程，這些醫病之間的問題，常常會匯聚成另一個大家心裡常在想，可是不大敢主動提的問題——安樂死。「到底要不要拔管」，這件事情常常掀起家族風暴。活到一定的歲數，家中難免會有些久病在床、仰賴儀器維生的親友。當看見這些飽受病痛折磨，甚至是已經宣告無法救治的親友時，我們很難不去思考，到底讓呼吸器、鼻胃管這些東西附在他們身上，維持儀器上的數值的意義到底是什麼？但是，就連拔管這樣的消極安樂死，在很多人心中仍然是個禁忌。如果開口說了，那就是不孝、沒有愛。但是，如果生命中剩下的只有病痛，那有什麼繼續活著的意義呢？如果罹患了阿茲海默症，每天一點一滴流逝的，不僅是過往的記憶，到最後，連基本的自理能力都喪失殆盡，如果我們「自己」不想要這樣活著，想要早一點、用自己比較快樂、舒適的方式離開這個世界，到底有什麼不可以？為什麼很多人覺得，這樣積極尋求安樂死的幫助不行，但消極地拔管卻可以？難道醫療就只有延長壽命這個選項？難道好死的價值比不上歹活？

這些問題，有些比較輕鬆一點，有些比較嚴肅一點，但都是我們在生命中難免會接觸到的大哉問。雖然我們對每個問題思考的深度都有所不同，但就類似於安迪沃荷說的，在當代社會中每個人能成為名人十五分鐘，在這個社會裡，我們每個人也都至少是哲學家十五分鐘。一般大眾思索的過程或許與知名哲學家的思路有許多不同，最後所做的決定也可能與學者專家所推薦的大相逕庭，但這又有什麼關係呢？哲學問題本來就很難有「標準答案」。不過，如果我們深刻了解到像是基因檢測這種問題其實「很哲學」，我們就有機會省一些力氣，透過閱讀相關的著作來幫助自己找到自己覺得比較好的做法——畢竟，「學而不思則罔，思而不學則殆」啊。

如果上面提到的這些例子正巧是你曾思考過、但總是不知道怎麼想得更深入一點的問題，那這本小書可以幫上一點忙。因為這幾個課題，剛好就是這本書主要介紹的議題。希望讀完這本書後，你不再覺得哲學很遙遠。

第一章

基因不基因？檢查不檢查？

當查爾斯．達爾文（Charles Darwin, 1809–1882）在十九世紀登上小獵犬號時，他大概沒想到，這一趟旅程在日後會促成了生物科學的大革命，讓人類從此可以用簡單的幾條科學法則來解釋生命的起源，讓我們了解看似完全不同的生命物種，也可能系出同源、擁有共同的祖先。他大概也沒有想到，他寫出的《物種始源》（*On the Origin of Species*）會啟發了自己的表弟法蘭西斯．高爾頓（Francis Galton, 1822–1911），讓表弟在日後勾勒出現代優生學（Eugenics）的理論基礎吧？

或許，你讀著讀著，心中會覺得有點疑惑「討論物種怎麼出現的科學著作，不是往回看、去討論生物怎麼演化出來的嗎？怎麼會跟優生學有關係呢？」是的，乍看之下，《物種始源》好像與優生保健沒有關係，但是，當我們仔細追問下去，思考達爾文到底是如何說明大千世界中的各式生物是如何而來時，這兩項學說，好像就沒有這麼遙遠了。

簡單來說，同樣的物種之所以可以慢慢的演化成不同生物，很大一部分的因素來自於同一物種內的個體差異。以鳥類來說，同一種類的鳥類在身材上常常也有高矮胖瘦的差異，牠們的毛色、鳥喙也各有些許的不同，這樣的差異導致了同一個種類的鳥類個體，在面對同樣的環境或是挑戰時，有不同的優勢與劣勢。剛好契合生長環境的基因者，便比其他的同類更容易繁衍下一代，而那些促使這些鳥類擁有繁衍優勢的特質，也因此被保留於大自然之中。這樣的天擇（Natural selection）過程在其後的漫漫時光，讓原本系出同源的鳥類有可能因為彼此的子孫在不同環境底下生存，被挑選出的特質各不相同外，彼此間的差異也越來越大，最後分道揚鑣，成為不同的物種。

達爾文的表弟高爾頓所提出的優生學理論，其實就是把達爾文這套「描述」不同的物種怎麼一一透過演化而出現的科學理論，進一步的轉化成「指引」人類社會的倫理學理論。高爾頓認為，如果同一個物種之中，每個個體都會有些微的差異，那人類社群理當也是如此。人類在身高、智商、髮色、膚色等等的特質上，也都不盡相同，有的人比較聰明，有些人則比較愚笨。如果人類跟其他的生物在這方面沒有不同的話，我們何不將那些擁有比較好的特質的人挑選出來，然後鼓勵他們多多生育，透過遺傳，把他們這些美好的特質傳播出去呢？就像我們會將在賽馬比賽中奪冠的冠軍馬當作種馬一樣，為什麼我們不將這套做法也施用在自己身上？

其實高爾頓在此之前就觀察到，來自音樂世家的孩子，通常有很高的機率在

1. Geospiza magnirostris. 2. Geospiza fortis.
3. Geospiza parvula. 4. Certhidea olivacea.

圖一：達爾文雀 (Darwin’s finches)
達爾文在隨小獵犬號進行第二次海外考察 (Second Voyage of HMS Beagle) 時，於太平洋東部的加拉巴哥群島 (Gálapagos Islands) 發現到，各個島上的鳥類雖然有諸多的差異，但也有許多相似之處，彼此間似乎除了地緣上的關係外，還有其他的關聯。這些鳥類促成了他在日後提出與當時主流觀點截然不同的物種起源理論。

音樂上也有很高的造詣，詩人所生下的後代，也常常對文學有非凡的見解。這種狀況出現的機率，高得讓人覺得不可能只是巧合。高爾頓就指出，這些特質高度集中在一些家族之中，背後一定有什麼其他的道理在，絕對不會只是機率而已①。達爾文的演化理論，讓高爾頓的猜想得到了一個解釋基礎，也成為他日後提倡優生學的根源——如果優生獲得空前的成功，在不久的將來，人類社群中擁有美好特質的人就會比過去還要多，那人類作為一個社群，不就會變得比以前來得更好？我們可以想像，在實施優生學的社會中，我們會有更多偉大的詩人、音樂家、

① 為了研究這些課題，高爾頓發明了在當代統計學中非常重要的概念，像是用來檢驗不同的事件之間是否相關的相關性（correlation），就是由他發明的。比方說，身高高低跟背痛好發程度這兩件事情是否相關，我們可以透過它們在統計上是否常相伴隨發生來看，若身高高的人常有背痛問題，而矮的人則無，那我們就能說「身高」與「背痛」有相關性，雖然這個相關性的高低不等同於因果關係的有無，但我們還是能從中得到不少寶貴的訊息。除此之外，高爾頓也是第一批將統計學應用在與人類社群相關的研究之上的學者。他所開創的研究方式與學說，直到現在還是深深地影響著當代的學界。

藝術家、科學家，我們的壽命、健康狀況，也會比過去未經「優生」揀選的雜亂社會還要更長、更好。

對高爾頓來說，這樣一套優生學說如果真的可以實踐，背後所包含的意義，並不只是在優生保健層次上。幫助我們的後代子孫免於病痛，又或者是有更出色的思辨、創造能力，這些目標當然很值得追求，但對他而言，優生學更重要的貢獻是這套學說彰顯了人性的光輝，將人類的道德實踐提升到更高的層次。在人類還不了解演化機制的過往，我們只能夠透過事後醫療協助或者是後天的教育指導，來幫助我們的後代，但優生學不一樣。優生學透過事前的篩選，可以將部分疾病防患於未然，也提高了未來社會的平均智能，而這整個實踐，不只是讓整個社會都變得更好，也直接的幫助到我們未來的子子孫孫，讓他們享有比我們還要更好的生活，這樣純為他人的福祉著想的生育理論，自然是最能展現人性光輝的理論。

在科技進步之下，我們已經不像高爾頓一樣只能提出理論了。科學家發現了帶有遺傳訊息的去氧核糖核酸（Deoxyribonucleic Acid），找到了基因遺傳的祕密；集結中、日、美、法、英、德等國之力，耗時十三年的人類基因體計畫（Human

Genome Project），也終於在二〇〇三年正式宣告完成，百分之九十以上的基因體都已經成功定序；我們也發展了各式各樣的基因檢測技術，現在不僅可以知道大概有哪些基因變異會影響我們的健康，我們甚至有能力透過檢測技術，幫助父母知道還沒出生的胎兒是不是有唐氏症等等的疾病。這些科學以及科技上的進展，讓我們可以掌控的事情越來越多。現在我們不需要求神拜佛，只要透過基因檢測，就能知道，到底產下有重大疾病的孩子的機率高不高，提前準備好因應之道。在大多數的已開發國家中，讓新生兒接受基因檢測甚至已經是例行公事。

只是，科技的進步並沒有真的讓我們如高爾頓所預測的那般美好。我們的社會依舊有許多的問題，罹患遺傳性疾病的人依舊所在多有。優生學的歷史也沒有讓我們真的覺得，這樣的想法只會帶給我們更多的善，而不會有任何的惡。更多的時候，我們反而覺得實施優生學似乎「玷汙了」人性。科技雖然讓我們可以輕易地知道哪些人帶有遺傳性疾病的基因、解釋為什麼有些人種平均身高就是比較高，但是科技並不能告訴我們，如果我們發現還在發育中的胎兒，有非常嚴重的基因缺陷的話，我們該怎麼做。科技也沒有告訴我們，要怎麼避免濫用我們的科學知識，導致優生學的美意變成了歧視他人的理由。高爾頓一開始提出的指引，在這些問題上能給予的幫助也非常有限。這麼說當然還是太空泛，到底為什麼優生學以及後來發展的基因檢測，不像高爾頓預想的那麼無害，或許可以先從歧視這個問題開始聊聊。

1.優生保健其實是種歧視？

為什麼幫助、改善我們後代的健康、聰明才智的善意會跟歧視扯上關係呢？或許，這還是要從高爾頓的理論說起。

簡單來說，如果我們認同高爾頓的想法，認為有一些特質是比較好的，應該要被保存下來，甚至是設法讓這樣的特質在人類族群中擴散出去，那我們其實同時也暗暗地認同了，相對於這些特質的其他特質，是比較不好的、不應該被保存、應該快點被消滅。

比方說，如果我們覺得長得高是件好事，應該列入「優生保健」眾多項目之中，那麼有侏儒症(Dwarfism)的人，甚至是單純長得比較矮的人，不就都被視為是比較「不好」的人？畢竟，如果在我們心裡，我們把長得高的人當作比較有價值的，或者是覺得這些人更容易擁有好生活，那我們不就是在說，只要是矮子，至少在身高這個面向來說，絕對是比較「沒有價值」的人？我們豈不是同時也認為長得比較矮的人難以有令人稱羨的生活？順著高爾頓的思路，我們不難得到這個令許多人感到毛骨悚然的結論：這些人因為帶有比較矮，不具備應該被多多推廣、提倡的特質，所以我們不該讓他們生育下一代。如果讓他們生育，這些不好的特質就會繼續存在於未來的社會中，阻礙社會的進步。

如果你覺得剛剛提到的「結論」太過誇張，簡直是天方夜譚，那你就大錯特錯了。事實上，這種不鼓勵比較沒有價值的人生育的狀況，並不是空想的狀況。新加坡的生育計畫相關部門就曾經頒布過一套政策，鼓勵「低等」的新加坡人（低學歷、低收入）多多結紮，成功結紮後便能獲得政府的獎勵金；至於「高等」的新加坡人（高學歷、高收入），在生育子女上則能得到額外的補助與優惠。為什麼要這樣做？李光耀在一九六七年時的說法是，資源有限的情況下，當然要讓最優秀的人得到最好的資源，他們繁衍出的優秀子女，在日後便能成為促進社會進步的關鍵。與高爾頓的想法如出一轍，不是嗎？

如果新加坡這樣的消極優生學（不主動採取特別的作為，來減少「不良」個體），都讓你覺得有些不舒服，那更積極一點的優生學措施（主動透過一些措施來減少「不良」個體），或許會讓你覺得優生學不只是歧視而已，優生學還可能使得特定的族群遭受迫害，甚至被消滅於這個世界之上。

由納粹德國在二十世紀上半葉發起的種族清洗運動，就是個著名的例子。這個運動結合了消極與積極的優生學措施，除了鼓勵被認證為純種亞利安人的德國人，多與其他經過認證的亞利安人生育之外，納粹德國還積極地消滅他們所認為不好的人種——猶太人、殘疾人士等。截至終戰，數百萬的猶太人便因為這套納粹優生學而遭到納粹殺害，而天生便有殘疾的德國人，也有許多人遭到迫害。

當然我們可以說，納粹德國所杜撰的優生理論其實根本就是偽科學，充斥嚴重的謬誤，當代的優生學採用的是真正的「科學」理論，是相對客觀理性的學說。但積極實踐當代的優生學所帶給我們的困擾，其實並沒有真的隨著納粹倒臺而真的擺脫所有的指責與挑戰。目前有許多國家基於優生保健的考量，允許準父母在得知胎兒罹患罕見疾病的狀況下，自行選擇是否要終止懷孕——也就是墮胎的另外一種比較學術一點、文雅一點的說法。墮胎是否本就該合法化，並不是這邊所要討論的問題，這邊想要指出的問題在於，當政府這樣規範時，政府似乎默默地認可了，「有些人」不適合存在這個世界上，而這些人就是罹患了特別的罕見疾病的人。

從這個觀點來看，羊膜穿刺等等的基因檢測技術，變得好像不是為了「保健」而存在。它們的功能似乎更像是將特定族群早早的篩選出來，然後早早將他們消滅。

2.「反歧視」，所以一切的基因檢驗都不應該做？

這些對基因檢測以及優生學的擔憂雖然可以理解，但因此反對所有的基因檢測以及優生保健觀點，好像又有點奇怪。其中一個讓我們感到怪怪的，卻又說不出是哪裡怪的原因，或許是我們覺得這樣也太誇張了，怎麼可以因為幾個個案就推翻所有跟基因有關的醫療檢測。但是，我們同時又可能覺得，這麼說好像也有點道理，因為今天開放了父母用基因檢測，明天不就可能變成鼓勵社會大眾妖魔化帶有罕見疾病卻還是想要生育子女的民眾？後天，這些人難保不會被邊緣化、被歧視？

後面這一大段的推想情境，有可能出現，也有可能不出現。但是如果我們認為這些「不一定」會像是骨牌效應一樣，一個一個接著出現的話，那這段論述中沒有明說的「一定」，泰半是個推論上的謬誤了。

這個謬誤在哲學中，被稱為滑坡謬誤 (Slippery Slope Fallacy)。這個謬誤的名字其實非常的生動又具體。簡單的說起來就是，我們常常會將不那麼相關的事件放在同樣一個溜滑梯上，好像只要第一個被推倒了，那就會往下滑落，將接在後頭的第二、第三個事件也誘發，沒有其他的可能。臺灣常見的「別讓孩子輸在起跑點」的教育口號，其實就是一個很經典的滑坡謬誤。輸在起跑點又如何呢？龜兔賽跑想傳達的想法，不就是起點的領先與最後誰提早到達終點，根本就沒有緊密的邏輯關聯又或是因果關係。

將上面的滑坡應用到基因檢測這個議題上，我們看到的就是這樣一連串的推論：「如果同意使用基因檢測，那麼那些被檢測出帶有會導致嚴重疾病的基因的胚胎，就會被剝奪繼續發育成人的機會。這樣的做法，將會削減世界上有這些狀況的人的人數，當人數變少，就會導致這族群遭受更嚴重的歧視、更加的弱勢。如果要避免這樣的狀況發生，我們打從一開始就不應該允許施用基因檢測。」這一連串的「就會」，其實彼此之間並不一定真的如此緊密。雖然我們常常會覺得當某個族群的人數逐漸變少時，他們會在社會中變得更加弱勢，但這樣的想法要成立，其實得要先將「少數」跟「弱勢」等同起來。但這兩件事情，畢竟並不是同一回事。

透過教育，我們可以幫助大眾更了解罕見疾病以及病友所需的幫助，提供更好的環境給這些病友。另外，雖然不分國界，各大製藥廠都有商業化的傾向，寧可投入更多資金在醫療美容相關的產品上，但民間的製藥廠並非唯一能夠投入相關研究的單位。比方說，由國家主導的研究中心原本就不大需要考量營收，這些研究機構主要都是專注於如何更深入的了解這個世界，即使研究成果一時三刻內沒有商業應用的價值，那也沒有關係。認為實施基因檢驗等等的優生學措施，就會剝奪病友的用藥權，顯然是未曾考慮到這樣的技術轉移途徑。

至於所謂的「消滅特定族群」這樣的指控，這樣的看法也不是完全的站得住腳：即使我們可以承認，在目前的社會結構中，許多病友的生活品質已經因為疾病影響，與所謂的「正常人」有了一段的差距，如果不是因為他們還能夠有個「小團體」，集合力量為自己發聲，那生活品質可能會更糟糕，但我們並不需要認為，要維繫這個族群的權益，只有讓這樣的疾病永遠存在一途。

比方說，我們不需要為了維繫感染天花的民眾的權益，就堅持不該消滅天花。天花這樣的疾病其實與人類文明共存已久，中國地區與印度次大陸地區，在數千年以前就已經有相關的記載了，只是當時的人類並不知道感染上天花的原因，大部分都將天花視為超自然現象的一種，直到近代才慢慢瞭解到，天花真正的成因是由病毒感染而起。天花的致死率之高，使得許多歷史學家認為，西班牙人當時能順利征服南美洲，靠的就是南美洲的原住民族沒有抗體，避免了許多激烈的戰事。然而，天花悠久的歷史並沒有澆熄世界各國撲滅天花的渴望。二十世紀開始世界各國紛紛採用接種預防等方式，減少民眾罹患天花的可能性，世界衛生組織則於一九五八年開始，推動全球性的撲滅計畫，在二十二年後的一九八〇年宣布天花正式被撲滅。如果按照所謂的為了保障弱勢的權益，所以不應該透過基因檢測等生育計畫減少罹患基因疾病的人口數的邏輯，世界衛生組織所推動的天花撲滅計畫，或許根本不能說是人類史上的一大成就，宣布正式撲滅的一天反而是人類最黑暗的一天？我們並不這麼想。

另一個比較複雜的問題在於，基因檢測的種類很多，並不是所有檢驗都像是羊膜穿刺，會牽涉到是否要終止懷孕的倫理問題。很多接受基因檢驗的當事人，本身未必會受到任何的影響，若真要說，會受到影響的是連受精卵都還不是的未來的子孫。

在法國，許多人在考慮是否要生養子女時，都會先到醫院做健康檢查，確認雙方不會因為兩人剛好同時都帶有某種特別的隱性遺傳疾病的基因，大大增加懷下帶有該遺傳疾病的子女的機會。這種基因檢查與羊膜穿刺等檢測最大的不同在於，羊膜穿刺是檢查胎兒的健康狀況，是一個已經存在於這個世界上、可以發育成人的生命。生育前的優生基因檢測則是檢查想成為父母的人的基因，看看他們生下有遺傳疾病的後代有多高的機率。這樣的檢測只是提供大眾基本的生育建議，並不會牽涉到直接傷害某些人的生命等等的倫理道德議題。

如果根據檢驗報告，考慮生育的伴侶選擇不生育，那他們僅僅是選擇不生育，並沒有真正傷害或者是歧視了任何人。畢竟，如果一條生命未曾出現在世界上過，又有誰可以傷害他？歧視他？又或是殺害他？從反歧視的角度來看，認為自己所屬的族群，可能會因為基因檢測而越來越小、而遭受到更多歧視的人，又真的可以依據自己的利益，也就是不被歧視，而要求別人生下與自己相仿的後代嗎？雖然我們可以理解這樣的擔憂，但是以避免歧視來作為反對基因檢測的理由，並不是一個無懈可擊的論點。

3. 難道我們不該堅持每個孩子都一樣好？

只是，回過頭來想想最一開始的問題，基因檢測雖然未必會對特定的、已經受精的胚胎造成影響，但這樣的檢測隱含著「某些種類的人」比較不值得到世界上來之意。在當前的主流價值觀中，我們認為人人生而平等，這種「某些種類的人」比較不適合來到世界上的觀點，跟我們的價值觀，似乎仍然沒有辦法共存。

有些大力反對基因科技的學者就認為，我們應該要接受任何上天給予我們的機運，每個孩子都是上天賜予我們的，他們雖然各有不同，但其實都一樣的好、一樣的完美。知名的哈佛哲學家麥可・桑德爾（Michael Sandel）就認為，父母不應該透過科技，將自己的價值觀強加到孩子身上，甚至是透過基因科技去設計「完美」的孩子。他認為父母親對孩子的愛最特別之處，就在於父母親對子女無條件的愛，就是這份愛，讓父母願意接受子女的一切，不求回報的幫助子女發揮他們的潛能。

但是，事情好像也沒有那麼簡單。當我們聽到有人「刻意」想要「自然」的生下天生就有殘缺的孩子時，我們內心感受到的衝擊，為什麼會比聽到有人想要透過基因檢測，避免生下有基因疾病的小孩，還要來得大得多？照理來說，我們應該要認為那些不因孩子身有殘疾而減損一分一毫的愛的父母，比起用科技去避免有某某病症的孩子的父母，他們的愛應該是更加無私的啊？

「刻意但是自然」生下天生有殘疾的孩子這樣的狀況，並不是哲學家無聊幻想出來的。事實上，這樣的事情在人類歷史上一再地發生。我們現在知道，有些先天性聾啞殘疾的成因與基因有關，因此非常有可能透過遺傳傳給下一代。也就是說，如果兩個有這樣狀況的聾啞人士決定結為夫妻、共同養育下一代，那他們便有很高的機率自然生下同為先天性聾啞的下一代。很多人可能會覺得這根本就沒有什麼刻意不刻意的問題，聾啞夫婦在自然的狀況底下本來就會生下同為先天性聾啞的子女。但如果，今天是一對聾啞同性戀伴侶想要生下一個一樣是先天性聾啞的孩子呢？

二〇〇二年時，雪倫・杜雪納（Sharon Duchesneau）與坎荻・麥凱勒（Candy

McCullough）這對女同性戀情侶求子的故事登上新聞版面。像許多同性戀情侶一樣，她們也想要共組一個家庭，一起撫養小孩，擁有一個家，對她們來說非常的重要。

但她們又與一般的同性戀情侶有點不同，她們希望撫養的小孩，能夠跟她們用一樣的方式來欣賞、體驗這個世界，也就是說，她們不希望自己的孩子是聽力健全的「健康」寶寶，她們希望這個孩子可以跟她們一樣：先天性失聰。

對杜雪納和麥凱勒來說，先天性失聰並不是一種殘疾。相反的，先天性失聰讓她們可以用不同於聽力健全的人的方式與世界交流，她們可以用手語講笑話，也可以用手語吵架，她們有自己的先天性失聰俱樂部，裡面聚集了許多也是先天性失聰的人，相互交流自己每天的所見所聞。就像其他的「正常人」一樣，只是體驗世界的方法有點不同而已。

她們誠實地向當時她們所能尋求協助的精子公司說明她們的想法，但精子公司的相關人員卻告訴她們，有「先天性失聰」這樣的狀況的人，根本就不可能成為合格的捐精者。最後，她們向一位家族中已經有長達五代的先天性失聰的家族史的聾啞男性友人求助，終於有了她們夢寐以求的孩子——像她們一樣出生便失聽的女兒。五年之後，她們的次子在同一個朋友的幫助下誕生了，但這次，醫生發現孩子的右耳還有一些聽力功能，如果可以的話，儘早做助聽器讓孩子得以聽見這個世界。杜雪納與麥凱勒向醫師表示，如果未來她們的兒子想要助聽器，她們不會阻止，但她們現下的選擇是，就讓他擁抱聾啞世界的文化吧。隨後，她們的選擇登上了各大媒體，引發一陣譁然。

有的人認為她們「傷害」了自己的子女，但是這樣的說法無法站得住腳，因為她們並沒有在受孕之後對胚胎做什麼特別的手術，導致本來會正常發展的胚胎，發展成了有先天性失聰的孩子，她們的做法就像是法國人在婚前做的健康檢查一樣，只是反過來操作，找了有非常悠久的失聰家族史的朋友捐贈精子，在這樣的狀況下，她們自己的卵子與朋友的精子相結合時，本來就有非常高的機率，產生先天性失聰的孩子，怎麼會有「害得」孩子失聰這樣的說法可言呢？有的人則認為，她們不應該透過基因檢查刻意選出這樣的胚胎。這樣的想法，便就回到一開始的問題——我們真的認為每個孩子都一樣好嗎？

如果我們不願意用基因檢查來篩選出被認為是比較不值得生下來的胚胎，或者用中性一點的詞彙來說，也就是所謂的「比較不一樣的胚胎」，那我們也沒有好理由去反對「刻意不選擇『被認為是比較值得生下來（或者是比較健康）』的胚胎」的想法。像是新聞中的這對女同性戀伴侶，她們雖然可以避免挑選家族中有先天性失聰之親屬的捐精者的精子來加以受孕，但是基於所謂的每個孩子都一樣好的原則，我們對於她們生下失聰的胎兒的這個選擇，好像也不能多說些什麼，畢竟，如果我們覺得她們用基因檢測來挑選出失聰的胚胎不好，那我們心中就已經先認定了失聰這件事情不好、不是每個孩子都是一樣好，這樣子，我們的立場就前後互相矛盾了！

同樣的，要是我們有朋友最近得了德國麻疹 (rubella)，而且這位朋友也知道，孕婦在懷胎的前三個月內得了德國麻疹，那腹中的孩子很有可能會因此耳聾、眼盲，甚至是心臟有先天性缺陷，智力也會不足，但因為一些特殊的理由，她堅持，即使如此，她還是不想要等到痲疹治癒後才懷孕，她寧可冒著這樣的風險，也要受孕。對於這樣的決定，基於每個寶寶都一樣好的理由，我們沒有譴責這位朋友的權力。似乎，選擇生下有先天性殘疾的孩子，或者是不選擇生下有先天性殘疾的孩子，都有一些難解的問題。

4. 基因檢測難道不會帶來更不公平、更不正義的社會？

二〇一三年的《紐約時報》上，出現了一篇令全世界震驚的讀者投書，因為這篇文章的作者，是家喻戶曉的好萊塢明星——安潔麗娜・裘利（Angelina Jolie）。這位拍過無數賣座電影的影星在文章中披露，自己目前所擁有的一對乳房其實是透過手術重建的——原有的乳房，為了避免其細胞病變然後變成乳癌，所以經由醫師切除。如果只看完這樣短短的一段介紹，大部分的讀者大概都會認為，她的決定簡直就是因噎廢食。

但事情其實沒有這麼單純。安潔麗娜・裘利透過基因檢驗得知，自己的基因與大多數女性不一樣，她帶有一組被稱之為 BRCA1 的基因變異。具有 BRCA1 變異的女性雖然仍有細部的個體差異，但一般而言，這些女性罹患乳癌以及卵巢癌的機率都遠高於常人，她們得到乳癌的機率，平均來說大約是百分之六十五。而安潔麗娜・裘利得到乳癌的機率，則為驚人的百分之八十七，得到卵巢癌的機率也是嚇人的百分之五十。也就是因為這樣，所以安潔麗娜・裘利決定聽從醫師的建議，透過手術將乳房切除，將得到乳癌的機率從近乎九成，大大減低到百分之五。這其中的心路歷程，外人大概很難體會。或許，也是因為了解大眾對乳癌的恐懼，以及缺乏對 BRCA1 等相關基因檢測的資訊，安潔麗娜・裘利選擇投書《紐約時報》，希望能夠將她個人的私密經驗，轉化成對女性的鼓勵，幫助更多女性勇敢面對乳癌。

但這個故事卻也隱隱告訴我們，基因檢測可能帶給醫療保險相關體制超乎想像、難以解決的問題。那就是，醫療保險相關服務，可能會將社經背景上的不平等轉換成醫療資源、生命價值的不平等。

以檢測 BRCA1、BRCA2 基因變異的費用來說，這樣的檢測就要價超過三千美元，換算成臺幣的話，等於要花費大概九萬元臺幣，我們才能接受 BRCA1、BRCA2 的檢查。這樣的費用即便是在美國，也不是人人都能夠負擔。有沒有這樣的財力進行相關的檢測，卻可能左右我們的生與死。畢竟，在不知道自己是否也有類似於安潔麗娜・裘利的基因變異的情況下，我們很難判斷到底哪樣的醫療服務對自己來說最好，也不知道自己是否應該效法安潔麗娜・裘利，儘快移除雙乳，避免得到乳癌。有沒有足夠的財力去接受相關的檢驗，便成了能否享有健康生活的先決條件。社經地位上的不平等，在此擴大到健康醫療的不平等，讓本來就已經不完美的世界，更加的不理想了。

就算是將這些基因檢測都開放給所有人使用，這樣的不平等也不會變得比較好一點，因為這樣的做法，很有可能會導致目前既有的保險體制大崩潰。如果保險公司可以編列出一本屬於自己的字典，風險這兩個字，大概會被保險公司放在第一頁吧。透過保險，我們可以給自己多一層保障，如果遇到突發事故或是重大意外，有了相關的保險，保險公司便會幫忙我們支付相關的款項。但是保險畢竟不是慈善事業，保險公司需要營利，保險公司也要生存。每一張保單上所詳列的金額、詳盡到令人有時根本無法耐住性子讀完的條件但書，其實都是統計學的結晶。保險公司為了能夠提供大眾具有吸引力的「保險產品」，又不至於賠上老本，所以保單上所擔保的狀況以及理賠金額，都須先經由統計學家等專業學者層層精算，了解保單上所說每個情況發生的機率有多高，然後才能來計算給付多少金額，才能讓保險公司永續經營。保險也因此可以視為一種分配風險給全體保戶的行業。這樣的體制是建立在未知之上：我不知道我究竟會不會得到癌症，保險公司也不知道。我們目前能知道的是，臺灣人普遍的罹癌機率有多高，然後將這個機率也套在我們自己身上，依此向保險公司協商，保費到底要怎麼繳才合理。

但要是現在科技進步到一個全新的境界，每個人一出生就知道自己罹患癌症的機率有多高、是不是得糖尿病的高風險族群、有沒有可能有紅斑性狼瘡等等，那麼，整個保險體制或許就會走向崩潰。比方說，如果有些人一出生就知道自己有 BRCA1 的變異，那保險公司為了生存，如果不是將保費調高到跟病患直接自己支付醫療費用沒有太大差異，大概就是直接拒保。以安潔麗娜・裘利的例子來說，如果不切除雙乳，她得到乳癌的機率近乎九成，其實跟一定會得到乳癌差不多了。在這樣的狀況下，保險公司有什麼理由要做賠錢的生意呢？還是個人的健康問題，個人承擔吧？另一方面，如果這個世界上有一些人很幸運，一經基因檢測，什麼病都不會有，身強體壯、個性健康樂觀，那既然不會有得到癌症等等疾病的風險，那又何必找保險公司投保相關保單呢？整個保險制度，可能便會因此崩潰。

上面提到的問題，只說了基因檢測可能以什麼樣的方式影響保險制度，但還沒有更深一層的去問到，為什麼這樣的狀況可能會有道德上的疑慮。有的人可能單純會往保險公司的方向思考，覺得如此一來，保險公司簡直可以做不會賠本的生意，天下哪有那麼好的事情啊！這樣的攻擊，並沒有真正把握到要點，畢竟，生意不會賠本不代表就不道德。哲學家在思考這個問題時，通常會往「人」的方向去考量——這些天生下來基因比較弱勢的人，做了什麼，所以要被懲罰？不能投保意味著，有些人什麼事情也沒有做，卻要為「壞運氣」負起全責。這樣子……對嗎？

為什麼能不能買保險會和「被懲罰」、「壞運氣」有關係呢？這中間的聯結到底是什麼？或許我們要先從「公平正義」開始說起。雖然每個人對公平正義的想法不盡相同，但大部分的人都會同意，沒有人應該要為不是自己犯下的錯誤而負責。如果說，身體不健康的狀態可以算作是一種「錯誤」，那我們應該譴責的是抽菸、酗酒、吸毒的人，因為他們的身體之所以不健康，是因為他們「選擇」了不良好的生活方式，這並非無法控制、或是避免的事情。他們身上的病痛根本就是咎由自取，怪不得人，必須要「自行負責」。先天上的基因問題，卻不是如此。沒有人可以選擇自己的基因，當然，也沒有人可以選擇要不要得基因性疾病。我們生下來的基因就是如此，並不是因為我們做了什麼不良的行為，或者是粗心的選擇而導致的結果。如果得到這樣的疾病不是我們能控制的，那我們又為什麼要為這樣的狀況付出大筆的金錢，而不是由其他相對「幸運」的同胞，來分擔我們的「不幸」呢？畢竟，他們只是比較幸運一點而已，而患有基因性疾病的人只是比較不幸運一點，沒有道理要讓什麼事情都沒做錯的同胞，承擔壞運氣所帶來的惡果呀！

這樣的想法，在政治哲學中可以找到非常相近的主張，稱為機運平等主義(luck egalitarianism)。這樣的主張一開始是想要回答「怎麼樣的社會才是正義的社會？」的問題，但近年來，倫理學家也將這樣的討論帶入了醫療和健康照護的討論之中。傳統上，政治哲學家常常只討論社會上的體制、法規公不公平，有沒有確保每個有相同才能的人，可以站在同樣的起跑點上競爭，不會因為性別、種族、社經地位而變得相對弱勢，無法有相等的機會去競逐同一份工作。至於那些天生的差異，這些哲學家則鮮少琢磨。比方說，知名的美國政治哲學家約翰・羅爾斯(John Rawls)，在他的大作《正義論》(*A Theory of Justice*)裡，就比較少討論這方面的問題。機運平等主義者看到了傳統上的侷限，提出運氣與選擇的區分。對他們來說，人與人之間有社經地位的差異，不一定就表示這個社會不正義，因為每個人想要過的生活不同，做出的選擇也不盡相同，由此而出現的差異，也因此不會有不正義的問題。但是，如果人與人之間的差異是來自於機運不同，好比說剛好出生在比較富有的家庭、剛好可以接受比較好的教育，而不是個人選擇的不同，這樣的社會就需要改善。支持這樣想法的生醫倫理學家，便進一步的將這個立場推廣到醫療照護中：一個正義的社會，它的醫療體系必須要「盡可能」的去抹平因為先天基因差異而帶來的機會不平等。會說「盡可能」，是因為科技有侷限性，有許多的疾病至今依然沒有解藥，但是，只要是有改善機會的狀況，我們都應該要盡力去做。

5. 提倡公平正義就能解決一切的問題嗎？

聽起來，這樣的主張萬無一失，肯定可以解決基因檢測和不盡令人滿意的保險、健康照護問題，不是嗎？很遺憾的，並不是。談機會平等，其實沒有那麼單純。我們可能會覺得，沒錯，要儘量消除來自社會體制的不平等、天生基因上的不平等，讓每個人都可以「公平」的去競爭當工程師的職缺，但是，要是有個身高不滿一百七十公分的男性想要去打 NBA 時呢？我們的健康照護體系也應該要努力消除他身高上的劣勢，好讓他可以到美國競逐 NBA 的合約嗎？這個機會公平，到底要「公平」到什麼程度，才叫「真的公平」？這樣的想法，會不會理想過頭？

就算我們真的可以按照我們的意思改變社會體制、基因、生理狀態，不用去煩惱經濟、資源等等的成本問題，到底「公平」是什麼，也不見得可以有個人人都滿意的答案。我們想要公平正義，無非就是希望大家都可以有同等的機會去爭取自己的理想，但是，每個人心中想要的，卻可能不盡相同。有的人可能像剛剛所舉的例子一樣，覺得要是沒有參加過 NBA，人生就缺了一塊、不夠圓滿，所以希望身高可以高一點，但也有的人可能覺得，最美好的生活應該是在叢林中照顧動物，身高在這個時候，矮一點反而比較好。到底什麼樣的特質可以算作是正向資產，不是基因科技可以決定的，連帶地，當我們想要制定一套可以適用在整個社會的醫療制度時，每個人對美好生活的不同看法，讓我們很難那麼輕易的就解決公平與正義的問題。

6. 每個檢測都會牽涉到公平正義或是加劇貧富差距的問題嗎？

雖然我們不知道，到底有沒有辦法在基因檢測上做到真正的公平，但我們至少可以知道，不是每個基因檢測都會有加劇貧富差距的問題。以苯酮尿症(Phenylketonuria)這個特殊的遺傳疾病來作為例子。苯酮尿症這種疾病，是由於基因上的缺陷，而導致患者的肝臟缺乏苯丙氨酸羥化酶(hepatic enzyme phenylalanine)，以致於患者無法將食物中常見的苯丙氨酸(amino acid phenylalanine)轉化為酪氨酸(amino acid tyrosine)。在經過一連串的反應之後，導致腦部中的苯丙氨酸轉化為對人體有害的苯丙酮酸(phenylpyruvic acid)，影響患者的腦部發育，造成智力障礙、癲癇等問題。這樣的疾病目前無法治癒，但是這不代表具有這樣的基因缺陷的人，就一定會遭遇到大腦發育不良、智能障礙等問題。這是因為，只要事先知道誰具有這樣的基因，我們就能事先準備特製飲食、提供新生兒父母相關知識，幫助這些新生兒避免攝取到具有苯丙氨酸的食物，健康的長大，過著與常人幾乎沒有差異的生活。由於成本低廉、測驗簡便，這樣的基因檢測廣為先進國家採用。事實上，你我可能都曾接受過這個檢驗！

雖然，以目前的狀況來說，不是每個人都能接受到他所冀求的基因檢測服務。好比說，安潔麗娜．裘利所接受的 BRCA1 檢測，所需花費便超過九萬臺幣，在現實生活中，變成了有錢才能享有的醫療服務。但是，我們也必須了解到，基因檢測還有許多醫療相關的服務，未必都如 BRCA1 檢測一樣，費用高昂。以美國的少年神童，傑克．安德拉卡（Jack Andraka）所研發出來的癌症試紙技術來說，想要檢驗自己是不是有癌症，並不一定要花大錢，如果我們採用他的試紙來做檢查，花不到臺幣五塊錢的試紙成本就可以了。倘若我們將這些醫療檢測都等量齊觀，覺得只要牽涉到基因檢測就要加以抗拒，那整個社會以至於個人所蒙受的損失，可能更加龐大。

我們必須承認，現在有一些檢驗技術還無法廉價的提供給所有人，但並不是每一項檢測，都非常的昂貴。進一步來說，即便目前的狀況無法獲得顯著的改善，因為有些人有資源可以接觸到相關服務，便認為這會加劇社會對立以及不正義，因此禁止使用相關技術，對於整體社會所造成的傷害或許更大。打個比方：不是每個學生都能到哈佛或是耶魯受到一流的大學教育，繼續讓這兩間學校存在的話，便只有少部分的人可以接受這麼好的教育，這樣會加劇社會上的對立以及不正義，所以我們應該要勒令哈佛、耶魯等名校停止辦學。一樣的邏輯，換個內容重新敘述一下，說服力突然間就大大減弱。

小結

針對基因的檢測，因為施行的方式不同，帶來的倫理爭議也不盡相同。一開始提到的優生學上的問題，是基因檢測用來作為生育計畫的工具時，可能帶來的問題。而後面提到的針對疾病檢驗的狀況，則是著重在幫助預防治療時，不經意帶出的價值判斷。

基因檢測雖然算是相對現代的醫療技術，但是它所牽涉到的倫理問題，其實還是不脫傳統哲學論戰。怎麼樣應用醫療資源才不至於擴大既有的貧富差距，讓經濟上的差異不會轉移到生命權的不平等，跟傳統政治哲學討論分配正義也沒有太大的不同。除了這邊所提到的問題外，基因檢測其實還另外牽涉到諸多哲學討論，像是生育權、知情權、自主權、隱私權等等的問題。不同類型的基因檢測牽涉到的問題不盡相同，在討論的時候，也需要多加留心！

延伸閱讀

Buchanan, Allen E., Brock, Dan W., Daniels, Norman, & Wikler, Daniel. (2001). *From Chance to Choice: Genetics and Justice*: Cambridge University Press.

Matloff, Ellen, et. al, (2000). What would you do? Specialists' perspectives on cancer genetic testing, prophylactic surgery, and insurance discrimination. *Journal of Clinical Oncology*, *18*(12), 2484–2492.

Parfit, Derek. (1984). *Reasons and persons*. Oxford University Press

Sabin, James E., & Daniels, Norman. (1994). Determining "medical necessity" in mental health practice. *Hastings Center Report, 24*(6), 5–13.

Savulescu, Julian. (2002). Deaf lesbians, "designer disability," and the future of medicine. *BMJ: British Medical Journal, 325*(7367), 771–773.

第二章

什麼時候可以墮胎？總是可以？有時候可以？永遠不可以？

如果，基因檢測是在我們出生以前，就可能為我們的生命歷程帶來許多哲學難題的科技，那當代的墮胎爭論，就是緊接在基因檢測之後的大問題。就像是在上一章所提到的，如果我們在早期檢驗出胚胎有些異常，那依照目前的政府規範，在很嚴重異常的狀況下，我們是可以「合法地」要求醫生幫忙終止懷孕的。但是合法的與合乎道德的，畢竟不是同樣一件事情。胚胎嚴重異常，就能夠給我們充足的理由去支持墮胎不僅合法而且合乎道德嗎？

我們還能從另外一個角度切入：如果胚胎本身健康，那墮胎就絕對不合法也不道德嗎？若是健康的胚胎在「錯的地方」著床，導致子宮外孕，對母親造成極大的生命危險時，我們能說因為胚胎是健康的，所以就算是繼續成長會危及母親的生命，我們也要堅持，無論如何，墮胎就是不對的，醫生與家屬甚至孕婦本人都不該嘗試終止懷孕嗎？又有的時候，胚胎本身健康之外，著床的地方也沒有什麼異常，可以順利成長面世。唯一的問題只有，這條生命的到來，是出於悲劇——強暴。要求身心早已受創的婦女承擔一切，真的是個「道德的」要求嗎？就算不是因強暴而懷孕，因為避孕失敗而懷孕的婦女，在道德上就肯定要放下當前的人生計畫，撫育突如其來的新生命嗎？

到底我們該怎麼看待墮胎這回事？許多人反對墮胎的理由，不外乎是，這樣是扼殺一條生命，跟殺人沒有兩樣。沒錯，殺人在大多數的情況下，都是非常不好的行為，但我們也知道在某些時候，殺人是情非得已的選擇。受到喪心病狂的人突如其來的攻擊時，不是我們被殺，就是他被殺，這樣的二選一情境下，為了保衛自己的生命而殺害對方，在道德上的評價，不該跟一般的殺人犯的作為等而視之。而我們對墮胎這議題有這麼多複雜的情緒，或許也跟這種兩難情境有關。墮、不墮，都有理由支持。只是，到底哪樣的理由，才是真正的好理由？

1. 墮胎就是殺人？

前提一：沒有人應該無端被殺害。
前提二：胎兒是人。
結論：所以，胎兒不應該被無端殺害。

在墮胎議題上一直採取相對保守立場的羅馬教廷認為，當卵子受精時，靈魂便同時被注入進(animate)尚未分裂的受精卵之中。既然靈已入體，任何嘗試終止懷孕的行為，都應該被視為企圖殺害一個人。亞里斯多德(Aristotle)若是看到這樣的「論證」，大概也會贊同。在推論的形式上，這樣的論述完美地符合亞里斯多德常用的三段論證(syllogism)的推論要求，環環相扣，毫無問題。

但問題是，如果前提出了錯呢？如果胎兒根本就不是人呢？比羅馬教廷歷史更悠久的《漢摩拉比法典》(*Code of Hammurabi*)，似乎就認為，這種「胎兒即人」的看法站不住腳。在這部目前已知的最早成文法典上，除了我們所熟知的「以牙還牙、以眼還眼」的懲罰原則外，裡面還有一些法條隱約的透露出，古代巴比倫人怎麼看待胎兒。

> **第二百零九條**
>
> 如果一個男子攻擊了另一個男子的女兒，並且造成該女小產，則此男子須付出十謝克爾（shekel，古代巴比倫的貨幣單位）作為對小產的賠償。

第二百一十條

若該女子死亡，該男子應將自己的女兒處死。

初見這兩條法條，我們大概心裡會想，這果然是《漢摩拉比法典》呢！真的是以牙還牙，以眼還眼。但如果我們再仔細看一下這兩條法條，我們不難發現，如果「以牙還牙」是《漢摩拉比法典》的核心精神，那當初制訂這部法典的人，大概不認為，那條因為小產而消逝的「生命」，跟婦女的「生命」享有一樣的尊重。也就是說，他們不認為胎兒是人。如果胎兒是人的話，理論上導致這場悲劇的男子，無論如何都應該將自己的孩子或是孫子處死謝罪，而不是賠錢就能了事。

順著這樣的理路，似乎，到底墮胎是不是等同於殺人、是不是道德上可以允許的行為，最關鍵的問題在於，我們到底怎麼認定胚胎的地位。如果不想要接受羅馬教廷的宗教觀點，那就請科學家告訴我們，從什麼時候受精卵不再只是「胚胎細胞」，要以對待「人」的方式相待。

如果你還記得一開始所提到的「論證」，那你或許已經發現到，從這樣的方式去挑戰堅決反對墮胎，其實就是針對「前提二」進行攻擊。這個討論的方向沒有否認殺人在道德上的錯誤，但是如果我們干預的對象根本就還不是「人」，最多最多只能享有細胞等等有機物質的地位的話，墮胎的本質可能跟將實驗室裡的培養皿細胞從培養皿中移除，沒有太大的差別。

這樣為墮胎辯護的方式，跟目前世界上許多政府將某一部分的墮胎合法化的理由，其實是非常相似的。雖然我們非常難找到一個確切的時間點來界定，到底什麼時候胚胎不只是細胞而已，什麼時候胚胎已經長成胎兒，需要讓我們多加愛護，但大體上來說，立法者都認為，確實在一定的妊娠期間，胚胎抑或是胎兒，不被視為人。

這邊的討論並不是要鼓勵墮胎，許多支持女性應該要有墮胎的自主權的學者，他們其實也不贊同「反正只要『還不是人』，只要我想，我都可以墮胎」。這邊的討論主要是要說明，不只是歷史上的《漢摩拉比法典》，我們現在的法律、大多數人的道德直覺，都不認為墮胎跟殺人是「一樣」的事情。如果我們採信了羅馬教廷的看法，認為從受孕的那一瞬間開始，受精卵其實就已經是人了，那我們應該要對墮胎的婦女、協助墮胎的醫師以殺人相關的刑法條文來處罰，曾墮胎過不只一次的婦女，我們應該要以刑求連續殺人犯那般的方式去要求法官重判。這實在是與我們多數人目前的認知相差太遠了。這顯示出，如果我們真的不認為墮胎是可取的行為，我們不能用墮胎即殺人的方式去論述。我們必須想出另外一個為尚在發育中的胚胎辯護的說法。

2. 是人，就有生命權？

只是，就算我們真的找到一個生物學上毫無爭議的說法，幫助我們認定在發育中的生命到底是「胚胎」還是「人」，這種「我是人，我有權活著」的想法，也不是萬無一失。

美國哲學家麥可・圖立（Michael Tooley, 1941–）就曾在他的〈墮胎與殺嬰〉（Abortion and Infanticide）一文中指出，上面這種把「人」跟「權利」綁在一起的口號，令人感到非常的不滿意。怎麼說呢？圖立最基本的想法是這個樣子的：很多人在討論墮胎議題時，把生物學上所說的人，與討論倫理道德議題時所關心到的人，給搞混了。生物學上所說的人是智人（homo sapiens）這種物種，然而，可以被列入智人這個物種的生物，不一定都是擁有道德地位的人(person)。也就是說，到底有沒有「生命權」，不該取決於一個生物是否屬於智人這個物種，而是取決於這樣的生物是否是擁有道德地位的「人」。

圖立透過這個「智人與擁有道德地位的人」的區分，進一步的說明，人之所以跟其他的生物不同，可以享有比較高的道德地位，像是人不應遭隨意殺害、遇到問題時我們應優先關心有沒有「人」受傷，然後才是其他生物等等的，是因為人有一些其他生物所沒有的能力，好比說：人能夠自我覺察、能構思自己的未來，並加以計劃、按自己的想法，決定自己的未來等。然而，不幸的，不是所有的「智人」都擁有這些能力——並不是人人生而平等。

這些能力之所以重要，是因為圖立認為，如果沒有辦法有這樣的能力，進一步形塑出「希望繼續活下去」的這種想法，那我們就沒有辦法說某某「人」擁有生命權。

比方說，我們通常會覺得小孩子有不被任意拋棄的基本權利，可是如果我們談的不是小孩，而是報紙呢？當然，我們不應該隨手丟棄報紙，我們應該要把報紙好好丟進垃圾桶，但是這並不是因為報紙本身導致我們認為報紙不可以被任意丟棄，而是因為我們覺得亂丟報紙，是一種亂丟垃圾的行為，會給別人帶來困擾。

為什麼我們對待報紙跟對待小孩有這麼大的差異？為什麼人類的幼童擁有許多報紙沒有的權利？理由很簡單，報紙根本就不會在乎、也沒有能力在乎自己是不是被任意丟棄，在這樣的狀況底下，我們並不會認為，「報紙有不被任意丟棄的權利」這樣的說法需要被認真看待。到底某個東西、某條生命是否有某某權利，最關鍵的畢竟是，那個東西、那條生命，有沒有能力去在意自己是否應該要有某某權利。以生命權來說，一個完全沒有理性能力的智人，根本就無法理解生命權是什麼，在這個狀況底下，我們要說那樣的智人也該有生命權，似乎就像是在說報紙也該有生命權一樣的荒誕。圖立認為，只有擁有充足的理性認知功能的智人才有資格成為有道德地位的人。如果這些理性能力使得這些智人開始在乎生命權，這時，針對他們是否可以享有這樣的權利的討論才有意義。

圖立這樣的想法乍聽之下言之成理，但是推到極端一點，卻會得到一個讓許多人都感到非常不舒服的結論。如果胎兒，甚至是新生兒，他們沒有充足的理性能力或者是感受外界刺激的能力，那麼，他們很自然地也不會關心所謂的「生命權」。進一步地來說，如果他們根本就不關心這樣的事情，就像是我們家中養的寵物貓、寵物狗，不會關心自己的受教權或者是工作權一樣，那人類的胎兒與新生兒到底有沒有所謂的生命權，是非常值得打上一個大問號的。事實上，在這篇文章的最後，圖立甚至說了，他這樣的說法會引起的道德爭議，其實不是在墮胎或殺嬰上，因為證據會說話，他認為我們基本上可以確定，就算是剛剛出生的新生兒，因為理性功能還沒有獲得充分的發展，所以他們不可能會有「希望繼續活下去」的想法。如果沒有，那當然，我們無法說新生兒有生命權。對圖立來說，這套說法真正的問題是在於，不是智人以外的生物或許其實有生命權。比方說，我們現在都知道豬跟海豚很聰明，牠們會不會聰明到擁有「希望繼續活下去」的概念呢？如果答案是「有」，那我們怎能繼續吃豬肉？吃豬肉的道德問題，在這個觀點底下，很可能會比殺害智人新生兒要來得嚴重。因為要吃豬肉，一定要殺豬，如果我們確定被殺的豬有「希望繼續活下去」的概念，那這隻豬當然有生命權，我們殺豬等於是侵犯了牠的生命權，而殺新生兒則因為新生兒沒有這個概念，所以殺新生兒沒有侵犯任何生命權，相較之下，當然是殺這樣的豬比較嚴重。

不可否認，這樣的結論對大部分的人來說難以接受。如果真如圖立所說的，到底有沒有辦法宣稱某某人是不是擁有生命權，要看那個人到底有沒有足夠的知覺能力、會不會覺得被傷害時有不舒服的感覺、希望自己可以活下去等等的，那我們到底為什麼會花那麼多心思與力氣在幫助早產兒延續生命，讓他們在日後順利長大呢？按理來說，我們應該對他們就像我們對其他認知能力比較低落的動物一樣，不該特別偏愛呀？

這樣的問題，或許就是為什麼日後彼得・辛格（Peter Singer, 1964– ）針對這個議題，在他的《應用倫理學》（*Practical Ethics*）中特別引入了不同的討論方式。其實辛格大致上認同圖立的論述，只是他不認為這樣子談「生命權」是最能幫助我們釐清道德爭議的方式。他的論述繼承了圖立在物種意義上的人與道德意義上的人的區分，但他更進一步地論證，殺害生物的道德問題，其實是來自殺害生物會造成苦痛。

辛格認為圖立強調自我意識、覺察與感知外界的能力等等重要性，當然正確，但他跟圖立不同，他不認為重點應該要擺在某某生物是否確實有「希望繼續活下去」的概念，對他來說，更深層的問題是，某某生物是否有能力「感受」到痛。根據他所奉行的古典效益主義，快樂是可欲的，我們應該要散播歡樂散播愛，讓這世界有更多快樂；與快樂相反的則是痛苦，我們應該要盡量減少世界上的苦難①。當應用這套理論到這些議題上時，我們要在乎的當然是墮胎或是殺嬰的對象，有沒有感受痛苦的能力，如果還沒有，或者是根本就沒有辦法擁有，那某意義來說，有時墮胎跟殺蝦子是一樣的——很多科學研究顯示蝦子似乎沒有感受痛的能力，所以到底能否吃蝦，在素食主義者中很常被拿出來討論，尤其是那些跟辛格一樣，吃素是為了避免帶給被吃掉的生物痛苦的素食主義者，討論尤其熱烈。

自我意識、自我覺察等的能力，辛格進一步的論述，不只是幫助我們判斷是否某某智人同時也是有道德地位的人的判準，他認為，任何生物只要擁有這些重要的能力，牠們都應該享有比較高的道德地位。比方說，電影《決戰猩球》中的黑猩猩們在吸入了促進腦部發展的藥劑後，開始能夠言語、自我覺察，擁有了與

① 效益主義是倫理學中很重要的學說，但是隨著時間演進，除了這種強調肉體上的愉悅與痛楚的古典效益主義以外，還有其他不同版本的效益主義，比方說，有的效益主義強調的是主觀偏好，因此鞭打喜好痛感的人並不會產生負面的效益，這種效益主義稱為偏好效益主義 (Preference Utilitarianism)。在其他章節中我們還會觸碰到一些其他的效益主義版本，但由於本書的目的不是針對效益主義做有系統性的討論，因此並不會針對所有效益主義版本一一討論。

辛格所述的道德意義上的人應該具有的能力，在這樣的狀況下，殺害這些聰明的黑猩猩所犯下的惡行，跟殺人是一樣的。但反過來說，終結不具有這些能力的「智人」的生命，其實可能跟殺害一隻雞差不多。畢竟，對辛格而言，一件事情在道德上的嚴重程度，取決於它所帶來的「快樂」以及「痛楚」的多寡，而要產生快樂或是痛楚，受影響的對象首先要有足夠的感受能力才行。如果說某個智人的感受能力跟一隻成年的雞來得差不多，在傷害這樣的智人時，帶給他的痛楚跟傷害一隻雞一樣多，在這樣的狀況下，傷害這位智人跟傷害這隻雞，在道德上的問題其實是一樣的。如果我們認為殺雞沒有什麼太大的問題，那麼我們也應該要認為殺害這樣的智人是沒有什麼太大的問題的。

從這個角度來看，如果我們一開始所提到的，關於墮胎為什麼不道德的論證，裡面的前提中談到的「人」是生物意義的人的話，那其實，光是裡面的大前提「沒有人應該無端被殺害」就有很大的爭議性。因為胚胎當然是生物意義上的「智人」，但是一兩週大的胚胎很可能連基本的感知能力都沒有，也就是說，讓那樣的胚胎無法繼續發育下去，並沒有為這個世界帶來多一分的苦楚，自然地，就古典效益主義的觀點來看，無法去說這樣的干預有道德上的問題。

這樣的論述，其實也是辛格在《動物解放》(Animal Liberation)中，用來為動物權辯護的核心概念，他認為只要動物有足夠的意識、感知能力，在被宰殺的過程中會感到痛，那宰殺這些動物當然是不好的。但是，正因為他認為痛苦跟快樂是評判一件事情在道德上是好是壞的標準，他如果要當一個言行一致、不另設雙重標準的人，他也應該將這樣的原則套用到智人這樣的物種上，這也是為什麼他至今依然堅持殺害新生兒未必比宰殺成年的豬隻要來得嚴重。而這個人生在世應該努力散播歡樂散播愛、減少悲劇降低痛苦的效益主義哲學觀（或者，對辛格來說這可能可以稱上「人生觀」了），也成為辛格近年來發展有效利他論(Effective Altruism)的基礎——做慈善當然是好，但有效率地把自己能帶給世界的美善最大化，那不是更好？

回到先前稍微談到的早產兒問題，圖立的說法不大能讓我們瞭解，為什麼我們還是會想要搶救早產兒的生命，那辛格的說法就比較好嗎？這當然見仁見智。對辛格來說，如果早產兒已經有感受到痛苦的感知能力了，那就算是沒有足夠的能力讓自己擁有「希望繼續活下去」的想法，不救這樣的早產兒等於是讓早產兒經歷痛苦，所以，即便這樣的痛苦的「總量」未必很大，但總是不好的。同時，因為這樣的判準，如果我們面對的新生兒，是羅患了典型泰薩赫氏症的嬰孩呢？羅患泰薩赫氏症這個先天性基因疾病的胎兒，壽命普遍而言都不會超過五歲。更糟的是，在這五年中，因為基因上的缺陷，他們在不到一歲的時候，聽力、視力便會漸漸喪失，接下來則是癱瘓、無法吞嚥等等的，終其一生承受巨大的痛苦。即便這樣的寶寶已經出生來到世上了，殺害「生命只有痛楚」的小寶寶，對辛格這樣的效益主義者來說，反而是應該要積極去做的事情。而這也是為什麼廣受動物愛好者愛戴的辛格，在歐美的殘障人權界被視為是惡魔的化身——在普林斯頓大學的講堂上，他曾向美國的殘障律師，哈莉葉・麥白德・強森（Harriet McBryde Johnson, 1957–2008）當面表明，他是認真地認為，這整套哲學理論推論下來，孕婦若是懷有天生有所殘缺的胎兒，考量到整體的「效益」，她們道德上應該選擇終止懷孕，所以，強森的父母當年應該選擇將還是胎兒的她，帶離這個世界②。

② 辛格的意思是，強森的父母應終止懷孕，因為在決定的當下，強森尚未擁有生命權。但這不表示與辛格對談的強生律師也沒有生命權，辛格在此的判別標準是感知能力，當強森已經發展出一定的認知能力時，強森就有生命權。

3.兩害相權取其輕

先撇除上面所提及的「誰是人」、「誰有生命權」這樣的問題，讓我們來換個角度思考一下，如果我們不想要加入這樣的論爭，直接承認胎兒就是人、胎兒確實有生命權的話，那我們要怎麼樣看待，為了挽救母親的性命而不得不施行的墮胎手術呢？

這種「該救誰好？」的情境，並不是只會出現在灑狗血的電視劇或者是小說之中，在現實生活中，也有許多人面臨這樣的問題，最後選擇放棄孩子保全母親。以子宮外孕來說，其實子宮外孕發生的機率非常的高，大概每一百次懷孕就會有發生一次的機率。這個狀況其實簡單來說，就是當精卵結合之後，受精卵需要在女性的體內找到一個地方著床安頓，如果著床的地方是相對狹窄的輸卵管，那當胎兒慢慢發育長大時，母親的輸卵管可能會因此被撐破，導致大出血，危害到母親的生命健康。子宮外孕並不一定只會發生在輸卵管中，也可能會發生在子宮頸、卵巢、腹部等等的部位，但無論發生在何處，子宮外孕都會對母親的身體健康，甚至是性命，有很大的威脅。

除了子宮外孕以外，生產的當下也有可能出狀況。有的時候，生產的過程不如預期，胎兒可能在母親的體內發育得太好、身形較為巨大，以致於無法順利地從產道來到這個世界。問題也有可能發生在母親身上，為了要讓胎兒順利離開子宮，母親的身體必須開始一連串的緊急反應，像是子宮頸口必須要擴張到一定的程度等等的，如果其中一個環節出錯，胎兒很可能會就此困在子宮或是產道內，同時危及母子二人的生命。

如果情況許可，醫師當然會企圖將兩條生命都搶救下來，但如果不許可時，我們要怎麼樣來為醫師辯護，說明他們的行為並不是「為了救一條性命而殺害了另一條性命」呢？

歷史課本上一定會介紹到的基督教神學家托瑪斯・阿奎納（Thomas Aquinas, 1225–1274），其實就曾對這種困境提出看法。在他的《神學大全》（*Summa Theologica* II–II, Qu. 64, Art. 7）中，阿奎納主張，如果是出於自我防衛而殺害了攻擊自己的人，這樣的情況未必等同於我們平常在談的「殺人」。

在自我防衛這樣特定的狀況底下，我們可能無可避免地，必須在殺害他人保全自己的性命以及不殺害他人而喪失自己的性命中做抉擇。為了保全自己的性命，我們確實殺了人，可是，我們並不是為了殺人而殺人，我們心裡念茲在茲的是該怎麼活下去，殺人只是我們為了活命而產生的「副產品」而已。

「想要」保全自己的生命這件事情，在道德上當然沒有什麼太大的問題，大部分的人在大部分的狀況底下，都希望自己可以活在世界上體驗不同的事物。如果我們遭到攻擊，在「別無他法」的情況底下，必須傷害對方才能求活，這雖然不能說是完美，但也不能說是過錯。若要說有所過錯，那也只有在當我們有其他的手段保全自己與來犯者的生命，卻直接選擇殺害對方時，他人才有充足的理由來譴責我們。也就是說，阿奎納並不是認為，只要心裡想的是道德上可以允許的行為，其衍生的結果再糟糕都沒關係，而是說，如果已經是沒有辦法中的辦法了，那才能以此說法進行辯護。這種如果傷害別人是逼不得已的副產品，那道德上仍然可以不受譴責的原則，在哲學上稱之為雙重結果原則(principle of double effect)。

羅馬教廷後來便應用這樣的看法，將部分的墮胎行為合法化。原則上，教廷依舊不鼓勵墮胎，但是，若婦女遭遇到上面所說的子宮外孕、生產不順，又或是懷孕期間發現患有卵巢癌等等，需要馬上進行治療、而又沒有其他更好的方式可以同時保全兩條性命的狀況時，若醫生心中想到的是「治療」或是「挽救」母親，那損失的胎兒性命應該被看作是無法避免的結果，醫生以及母親都不應該遭受到道德上的譴責。

只是，想要用「意圖」來說明，為什麼有一些時候，為了保全母親的性命而施行的墮胎，在我們一般人的道德觀感上，沒有什麼太大的問題，但在一些哲學家的眼裡，卻也不是一個完美的說法。一樣都是為了保全母親的性命，但因為狀況的差異，能夠採取的手段也各不相同。在過去醫療不是那麼發達的時候，要是遇到胎兒困在母親產道中動彈不得的狀況下，醫生沒有其他更好的方法，只能使用鉗子將胎兒夾碎，然後再慢慢從母親的身體中移出。這種做法雖然滿足雙重結果原則中所說的「沒有其他更好的辦法」，但是，為了施行這樣的「手術」，醫師必須要「直接」針對腹中的胎兒下手，在這整個過程中，我們很難說醫生的行為不等於「意圖」要殺害胎兒。在這樣的情況下，即便最終的結果跟其他相類的情況一樣，都是犧牲孩子、拯救母親，但醫師的所作所為似乎就不能透過雙重結果原則來辯護。

4. 我的身體，我來主宰才是重點？

有的哲學家在墮胎這個問題上，選擇另外的方式來切入。他們不想要捲入到底胚胎什麼時候會發育成人，也不想要談嬰兒什麼時候會有理性這樣的問題，到底該不該承認雙重結果原則可以有限度的為墮胎辯護，也不在他們關心的範圍內。對他們來說，墮胎的道德爭議，不應該只專注在胎兒身上，母親的權利也應該要重視。

美國的知名女性哲學家茱蒂絲・湯姆森（Judith Thomson, 1929–），就提醒了我們，看墮胎這個問題時，我們其實可以問一個長久以來都沒有被關注的問題：「一個人的生命權，可以侵犯到別人的身體自主權嗎？」問這個問題的時候，我們不需要回答胚胎到底什麼時候會變成人，我們也不用告訴別人，到底智人與真正的人的差異在哪裡。我們可以大方的接受，從卵子受精的那一刻開始，受精卵就是一個人、一個擁有生命權的個體。在這個問題中，我們不否認這些大前提，我們問的問題重點在於：我們可以從這些前提推論出「生命權必然高於身體自主權」這樣的說法來嗎？

湯姆森認為，我們確實不應該隨隨便便的就墮胎，畢竟再怎麼說，腹中的胎兒都是一條生命，他們的生命權也都應該被尊重。但是，如果我們遇到的狀況是懷孕的婦女其實根本不想要懷孕，她們之所以會懷孕，是因為在生活中遭遇不幸，在違反一己的意志（好比說被無端強暴）的狀況下懷了孕呢？湯姆森認為，在這樣的狀況之下，胎兒的生命權與婦女的身體自主權相衝突，我們沒有很好的理由來說，遇到這樣的道德困境時，生命權的優先次序一定高於身體自主權。這樣的說法可能還太過於抽象、簡略，沒有很大的說服力。湯姆森針對這個問題，想出了一個小故事來幫我們了解，為什麼她不覺得胎兒的生命權一定就比婦女的身體自主權重要。

這個故事大概是這樣的：

想像一下……有一天，一位世界知名的小提琴家因為腎臟疾病，命在旦夕。這個病很神祕，很難治療，但是醫療團隊發現，正在閱讀這本書的你可以幫助小提琴家恢復健康，方法就是把你的循環系統跟小提琴家透過維生管線連接在一起，讓小提琴家可以利用你的生理機能存活下去。整個治療過程「只要」九個月，小提琴家就能夠恢復健康，不需要再仰賴你。因為事態緊急，而這位小提琴家在音樂的造詣上又真的超凡入聖，損失了這位一代宗師，對整個古典音樂界來說將會是一大打擊，所以這批愛樂人顧不得你的意願，就先將你打昏綁架到醫院，讓醫院開始醫療手術。等到隔天你醒來時，你才知道這一切的事情緣由，你看著身上的管子，想著，自己真的要跟這個素未謀面的小提琴家一起躺在病床上九個月嗎？把身上的管子扯掉，逃離醫院當然也是可以，但是這樣做，小提琴家就會離開人世……

你可能會想，這些愛樂人、醫生沒有經過你的同意，就任意使用你的身體，在這樣的狀況下，強加在你身上的性命，並不是你所願意承擔的，你沒有道理就要這樣乖乖的待在醫院九個月，所以就算拔掉管線會間接造成小提琴家死亡，你的行為也不應該被譴責。畢竟，打從事情一開始，你就沒有意願也沒有同意幫忙小提琴家度過這九個月。如果是這樣的話，你其實就是接受了剛剛所說的，生命權並不總是高於身體自主權。在類同於這樣違反個人意願的情況下，胎兒就像是「這從沒見過面」的小提琴家，雖然作為一個人，胎兒有生存下去的權利，但這樣的權利要是侵犯到別人，生命的價值再高，也無法成為最終極的理由，反對一切的墮胎行為。

上面所提到的問題，或許可以用簡單一句話概括：「不想當道德上的聖人，不行嗎？」如果你可以當聖人，卻選擇不當聖人，這當然可以，沒有人應該強迫他人犧牲小我成為大聖人。真正不道德的人，是那些連最低的道德義務都不願意付出的人才對。那麼，因被強暴而懷孕的婦女，如果想要墮胎，她所想做的行為，是「不想當聖人」，還是連最低的道德標準都沒達到呢③？

對一些哲學家來說，在這種情況下想墮胎，其實只是不想當聖人而已。以湯姆森的立場來說，她就認為被強暴的婦女道德上不只沒有義務要生下孩子，別人也不應該要求這些婦女做出這樣遠遠超過一己義務的犧牲。如果有婦女願意接受

③ 這個「當聖人」的問題，哲學中稱之為「超義務」(supererogation)，主要就是在討論我們是否可以要求別人做「超過」他們應該做的事。

因為遭受強暴而懷下的孩子、願意負起養育的責任，這當然很值得敬佩，她們就像是《聖經》故事中的好撒馬利亞人一樣，為了一個「素不相識」的人犧牲奉獻。

認為這些婦女無論如何都應該犧牲一己的人生計畫，成全這個突如其來的孩子才對，這樣的想法其實有點奇怪。就像是，我們會覺得，那些為了民主自由而犧牲生命的人，非常值得令人敬佩，但我們不會要求每個人都要為民主拋頭顱灑熱血。如果我們平常不會對人要求那麼多，那為什麼在這個情況下，我們對非自願受孕的婦女的要求會如此的高呢？

5. 擁有「成為人的可能」才是關鍵？

在上面的討論中，我們一而再、再而三地提到身體自主權、胚胎的生命權，好像我們都很清楚我們講的「權利」到底是什麼。可是……如果我們真的那麼了解「權利」④，我們又怎麼會在這兩個權利互相衝突時，陷入道德困境呢？我們

④ 在此處的討論必須特別留意到底哲學家討論的是「權利」還是「權力」。在英文中，權利對應到的是 right，這樣的權利與人權等基本權利較為相關。權力則對應到

不是應該馬上就能判斷出孰輕孰重，找到方法離開這片泥淖嗎？

從先前的討論來說，我們至少有下面幾種對「權利」的說法：

一、某某人有墮胎的權利的意思是說，這個某某人選擇終止懷孕，在道德上來說，不是錯誤的行為。

二、某某人有墮胎的權利的意思是說，任何阻擾這個某某人墮胎的舉動，都是不道德的。

三、某某人有墮胎的權利的意思是說，不協助這個某某人墮胎的話，是不道德的。

---

power，我們所說的公權力，就是屬於這一種權。一般來說，如果是不需要賦權(empowerment)、不需要他人同意就能行使的「權」屬於權利，比方說許多人權學者認為，只要「生而為人」，就「自動」會有「受教權」這個基本人權。如果需要「被授與」，那通常會是「權力」，像是民選政府之所以可以決定是否要興建公共設施，這權力是人民「讓渡」並且「授與」政府的。但是在中文的使用中，有時我們會將「權力」與「干預他人」連結，這種干預在哲學或社會學的討論中，卻又未必是在討論power，所以讀者在閱讀相關的翻譯著作時，要特別留心。

到底，我們所說的「我有某某權利去做某某事」，是在說什麼呢？指出這個問題的哲學家，理查・黑爾（Richard Hare）就說，那麼多人想要用身體自主權、生命權來討論墮胎到底可不可行，卻沒有意識到，講那麼多權利的時候，到底自己講的權利是什麼，自己也不是很清楚。當然，我們可以發展一套關於權利是什麼的理論，如此一來，或許這樣的理路可以行得通。只是，難道我們只有這樣的討論方式嗎？不盡然。

黑爾就認為，其實在討論該不該贊成還是反對墮胎時，爭執胚胎到底是不是人、爭論是不是有的時候身體自主權可以高過生命權，這些論述都沒有抓到問題的核心。真正的問題其實是：如果胚胎正常地發育、沒有受到外力影響的話，這個胚胎會成為一個人、一個與你我「相差無幾」的人。黑爾認為，墮胎在道德上不應該被允許，是因為我們扼殺了被墮胎的那個胚胎發育為人的可能性。

比方說，如果我們預先知道，有個胚胎沒有辦法正常發育，發育到了第二個月，這個胚胎就會因故停止成長，然後離開這個世界。這樣的情況下，在第一個月時施行墮胎與否，道德上的爭議性，便沒有那麼大。畢竟，這個胚胎沒有「成為人」的可能，或者說得更保守一點，這個胚胎成為人的成功率很低。

這或許也能解釋，為什麼我們對於墮胎，有的時候立場並不那麼一致。舉例來說，若是在產檢的過程中，我們發現胎兒發育嚴重畸形，「完全」沒有健康成長的可能，在這個情況下，如果醫生建議實施人工引產，我們並不會覺得有太大的問題。但是，如果今天我們聽到有婦女只是很單純的為了出門旅遊，覺得肚子裡的寶寶會妨礙她的旅遊計畫，所以想要墮胎，這個時候，我們通常不會認同這個母親的想法，我們甚至可能會苦勸她改變旅遊計畫，或者是請公權力介入，不讓她做這種行為。對大部分的人來說，為了什麼時候都能去的旅遊而扼殺一條可能的生命，於情於理都站不住腳。

下面這個帶點科幻色彩的例子，或許更能強調出「可能成為人」在這個課題上的重要性。想像一下，假設現在科學家開發出了一種神祕的藥劑，小貓咪的胚胎如果吸收到了這個藥劑，慢慢地慢慢地，這個小貓咪胚胎就會長成人類胎兒，最後甚至可以發育到跟我們一樣，變成一個正常的人。如果，我們知道，這隻吸收了超神祕藥劑的小貓咪胚胎，在不受外力干擾的情況底下，可以健康的發育成長，那……你還會覺得，透過外力終止小貓咪胚胎繼續發育，與終止一般的貓咪胚胎繼續發育，沒有什麼不一樣嗎？

有些人可能會說，對，沒什麼不一樣，都是貓咪的胚胎罷了。但如果，這些這麼說的人，同時也接受，對「不可能成為人的人類胚胎」施行墮胎，比對「有可能成為人的人類胚胎」施行墮胎要沒有道德爭議，那，這個可能成為人的貓咪胚胎，應該也要被放到跟「有可能成為人的人類胚胎」一樣高的位置才對啊。

只是，到底為什麼「可能成為人」中的「可能」有那麼大的道德力量，可以作為反對墮胎的理由呢？這中間的關聯性，還沒有建立起來呀！對此，哲學家黑爾認為，這中間最重要的關聯，是建立在西方文化中非常重要的基本道德律則——「黃金律則」。

在西方文化中，他們將「你希望他人如何待你，你就應當如何待他人」這樣子的看法，用「黃金律則」來稱呼（至於《論語》中的「己所不欲、勿施於人」，則是銀之律則）。好比說，《聖經》中的〈馬太福音〉、康德的《道德形上學的基礎》，這些重要的著作，都曾用「黃金律則」來指稱這個待人如己的道理。

如果我們覺得黃金律則很有道理，認同其中所說的我們都應該待人如待己，那我們就應該要接受，在一般的狀況下，我們不應該墮胎。這是因為，如果我們對自己「活在世界上」這樣的事情感到很高興，這表示我們同時也對「沒有人在我們還是胚胎的狀態時，終結了我們繼續發展成人的可能」感到高興。我們對這樣的事情感到欣喜，其實就表示我們樂於接受這樣的安排，而根據黃金律則，我們也應該要這樣對待其他可能發育成人的胚胎才對。

在這樣子的觀點底下，很多婦權團體所提倡的「我的身體我的權利」，認為婦女應該有權決定怎麼對待自己的身體的觀點，便很可能會違反黃金律則。女性當然擁有自己的身體，也擁有該如何對待自己身體的最終決定權。但是，任何一個對自己生在世上感到高興的女性都應該要想到，這樣的喜悅，不單單只是對自己現下的狀態開心，這樣的喜悅，還包含了「感謝父母沒有墮掉『我』，讓我有機會來到世界上體驗這麼多事情」。如果，我們是這樣希望他人如此對待「自己」，無論彼此相識與否，那我們怎麼能夠同意湯姆森等哲學家所說的「因為這個胎兒對我來說是陌生人，他就像是不認識的小提琴家，強行借走我身體的一部分，所以我把他趕走，沒有什麼道德問題」？

每個來到世界上的人，都是獨一無二的，沒有任何過去的文獻記錄可以讓我們的父母在見到我們之前，就先了解我們。我們跟我們的父母，在生命的一開始時，對彼此來說，都是最熟悉的陌生人。我們現在對父母的感謝，雖然是針對我們的「父母」而有的，但是我們的感謝其實更深一層來看，並不是真的針對我們身分證上父母欄中的兩位長輩，因為我們剛來到世界時根本就不認識自己的父母，他們對我們來說只是陌生人而已，所以更進一步的來說，我們感謝的其實是：「兩位不認識的陌生人」選擇讓自己來到世界上，沒有扼殺了自己來到世上的可能。按照黃金律則，如果我們有這樣的希望與想法，那我們也應該如此對待素不相識的胚胎。

上面所提到的黃金律則，好像無懈可擊，徹底地將辛格、湯姆森所提出的辯護擊垮，讓他們不能再以「如果是這樣這樣的情況，那其實可以墮胎啊！」來開脫。畢竟，我們希望別人怎麼對待還只是胚胎時的自己，我們就「應該」如此對待別的胚胎啊！只是，如果我們把「成為人的可能性」這個環節，再仔細審視一點，我們或許就不會覺得，這套說法那麼完美。

這種說法，要是再繼續想下去，不難發現，當我們在讚美生命時，我們其實還讚美了「父母的相遇」、「父母的結合」等等的各式各樣的機緣。也就是說，我們不只是希望，自己的生命不要在胚胎階段就被終止，我們還希望，在那顆帶有自己一半的基因的卵子出現在母親的卵巢內時，父親體內那帶有另一半基因的精子，可以順利的在對的時間、對的時辰與那顆對的卵子相結合，而不是施行禁慾，讓自己無法來到世界上。如果，我們謹守著黃金律則，認為任何一個生命的可能都不能被放棄，那似乎，我們必須要大力鼓吹性行為，我們應該要認為，從小男孩、小女孩性成熟的那刻開始，就要尊重每個生命的可能，把握每個結合的機會，這似乎有點過於荒誕。

小結

對很多人來說，墮胎這樣的議題，沒有什麼好討論的。支持婦女在某些時候有墮胎權的人，常將「身體自主權」當作理所當然，覺得這沒什麼好討論的。反對墮胎的人則認為，胚胎也有生命權這件事情，再明顯不過，任何生命都有權利活下去，一樣，沒什麼好討論。但我們如果仔細地看一看那些比較爭議的情況，不重新省思為什麼那麼多人墮了胎後，罪惡感揮之不去，又為什麼有的時候我們不覺得墮胎真的如此罪大惡極，我們或許對兩方的意見，都會多少有點同情——我們認同長痛不如短痛，可是我們也認同生命的價值；我們認同婦女應該有規劃自己人生藍圖的權利，但我們也認同待人如己，即便是對待一個胚胎也應如此。

很多讀過倫理學的人都說，「讀倫理學理論，不會讓你更有道德。」看了那麼多針對墮胎而提出的論點，你覺得，如果你真的遇到需要抉擇的時刻，你比還沒看過這些論述的自己，更知道如何選擇了嗎？

延伸閱讀

Hare, R. M. (1975). Abortion and the golden rule. *Philosophy & Public Affairs*, *4*(3), 201–222.

Thomson, Judith. (1971). A defense of abortion. *Philosophy and Public Affairs*, *1*(1), 47–66

Singer, Peter. (1993). Taking life: The embryo and the fetus. In *Practical Ethics*. Cambridge University Press.

Johnson, Harriet. (2003). Unspeakable Conversation, or how I spent one day as a token cripple at Princeton University. *New York Times Magazine*

Tooley, Michael. (1972). Abortion and infanticide. *Philosophy & Public Affairs*, *2*(1), 37–65.

第三章

想要更好，何錯之有？

或許是因為文學鉅作通常都有點灰色憂鬱，我們常會覺得，人生中的哲學問題好像都有點太過沉重，不是面對老死時的無助感，就是遭逢巨變時人生頓失方向的茫然感。太困難了，這些問題，所以我們還是轉開電視吧。但其實，電視上那些乍看輕鬆逗趣的廣告，在我們不注意時，其實也傳達了很多屬於它們的「哲學觀」。

想要說服你買臺車子，帶家人出去兜兜風的廣告；告訴你，出門在外工作，雖然難以就近照顧父母親，但還是可以買些保健食品，讓父母常保健康的廣告；增強記憶力、長高長壯的廣告；幫你快速的把一團和氣的腹部，練出六塊腹肌的健身器材廣告……等等的，這些廣告，雖然看起來很不相同：它們想要販賣的商品不一樣、效用也不同，作用在我們身上的方式更是不一樣，但如果我們稍微仔細看看這些商品想要推銷的「觀念」，其實沒有什麼差異——我們不只要活得健康，我們還要活得更好、更聰明、更強壯。

當我們知道，其實我們的生理跟心理層面的機能、表現，都與體內的化學物質有關時，很自然的，有些人就把腦筋轉向了醫療科技——如果我們可以用相關的科技幫助人把失衡的身體拯救回正常的樣態，那我們有沒有可能利用一樣的方式，讓治病的技術不只是治療我們原本呈現負分的身體，還可以把正常的我們提升到更優越的狀態？也就是說，一樣都是「改善」，為什麼我們要畫地自限，覺得這些科技只能夠拿來改善病症，而不能拿來幫助我們進一步改善正常人的生理機能？

很多人便開始認真的思考，是否真的有一些本來用做醫療用的藥物，可以拿來讓我們增進自己的生活，提升我們的認知能力、生理機能、情緒表現等等的。答案是，有的。治療過動的藥物如利他能（Ritalin）、專思達（Concerta）等藥物，就被發現可以幫助健康成人提升專注力，而許多媒體便因此將這些藥物稱之為聰明藥，因為當專注力提升了之後，學習的效能理論上也會跟著往上提升；原本被用來治療心臟疾病的威爾剛（Viagra），意外被發現也有改善性功能的表現後，現在也被許多生理機能正常的男性廣泛使用；抗憂鬱的藥物如百憂解（Prozac），在美國因為被發現可以改善我們對生活中大大小小的瑣事、挫折產生的情緒，現在也被很多「正常人」用來提升自己的正向情緒。有些人甚至覺得，服下百憂解時的那個充滿正向能量、陽光活潑的自己，才是真正的自己。

這些「藥物」的新用途，當然引起了許多討論，像是「這些藥雖然讓你在某些方面變得更好，但是副作用不容小覷啊！」、「考試前吃聰明藥提高注意力，跟棒球選手偷用類固醇一樣，都是作弊！」，又或者是「這些不自然的方法，不是提升了自己，是把真正的自己變不見了！」諸如此類的討論，莫衷一是。

到底我們該怎麼看待這些科技？又到底，什麼樣的好才是真正的好？用來改善病患的健康的醫療科技，本質上又跟那些我們用來把自己變得更好更健康的科技，有什麼不同嗎？其實我們也常常在問自己這些問題，只是我們常忘了，或者是沒有發現，這些問題其實也是人生中幾乎一定會遇見的哲學課題。

1. 藥物根本不會讓人真的變得更好？

這幾年臺灣的報章雜誌開始報導歐美國家有許多年輕人濫用利他能的狀況，讓很多人開始好奇了起來，這些藥物到底有多麼神奇。它們真的像是媒體所說的，吃了一顆就能夠大幅提升專注力，幫助學生用更短的時間、以更有效率的方式來準備考試，甚至是幫助學生變得更聰明嗎？其實不盡然。

利他能以及專思達其實是同一種藥物，學名叫做派醋甲酯（methylphenidate）。

這種藥物的分子結構，與安非他命 (Amphetamine) 相類，其實都是一種中樞神經興奮劑。它們在大腦中的作用方式，基本上都是刺激腦內分泌一些物質，藉此改變我們的行為。以利他能這些藥物來說，它們之所以可以被用作治療過動，是因為它們可以增加腦部中的多巴胺 (Dopamine) 分泌，這種物質又常被稱為人體「自然分泌的安非他命」。這是因為，不管是安非他命、古柯鹼，還是利他能，它們的功效都是與多巴胺這個物質有極大的關聯。多巴胺這個物質影響了我們的情緒還有專注的能力，當我們腦部有比較多的多巴胺時，我們就會覺得比較快樂，甚至是有飄飄然的感覺。安非他命與古柯鹼的作用，就是將大腦內負責「回收」多巴胺的神經通道阻塞起來，因為多巴胺無法被正常的回收，大腦又一直不斷的分泌，腦內的多巴胺濃度就會開始高於正常值，影響我們的情緒。而利他能等藥物也是相似，只是作用較為溫和，不會像安非他命等毒品一樣，一下子就讓大腦內的多巴胺濃度過高。透過影響多巴胺轉運體 (Dopamine transporter) 與正腎上腺素轉運體 (norepinephrine transporter) 在腦部的運作，使得多巴胺與正腎上腺素在腦部的濃度增加。

雖然我們仍然不是很確定過動的現象到底是從何而來，但有些科學研究已經發現，過動與多巴胺轉運體以及正腎上腺素轉運體異常有關聯。因此現在精神科醫師常會利用利他能來改善過動的症狀，幫助病人提高專注力、改善自制力、增強執行力等等。

這些效用，正是為什麼有許多歐美國家的大學生，即便從來沒有被診斷出有過動的問題，還是會想要服用這些藥物。不想要放棄任何的社交活動，又希望自己能夠在課業上有優秀的表現，這種想要面面俱到的學生，在努力了一陣子以後往往會發現，除非有奇蹟，否則自己根本就沒有這麼多的時間與精力，將課業與社交等所有面向都兼顧。對這些人來說，利他能這些藥物就是促成奇蹟發生的鑰匙。

一份由美國國家藥物濫用研究院（National Institute on Drug Abuse）所贊助的研究《觀看未來》（*Monitoring the Future*）便發現，在二〇一一年中，沒有過動相關症狀而使用利他能等藥物的學生比例，隨著年紀有增加的趨勢。這份匿名調查顯示，早從十年級這個階段，就已經有高達6.6%的學生承認，自己在過去一年中，曾經使用過至少一次這些藥物。到了十二年級時，這個比例甚至來到了8.2%，將近有十分之一的學生，都曾將這些藥物用在非醫療用途之上。

礙於研究調查的限制，我們並不知道這些學生確切為了課業，而非法使用過多少次這些藥物，我們也不知道個別學校間，學生使用相關藥物的統計數據。不過，我們可以很合理的猜測，越是升學導向的高中、排名越前面的菁英大學，學生在沒有醫師處方的狀況下，使用這些藥物的比例就越高。

有許多學者認為，這樣的調查報告隱含的「沒有過動問題就使用利他能等藥物不值得鼓勵」，其實只是因為這些藥物尚未得到監管機構許可，讓一般人也可以像是買普拿疼一樣輕易取得。這背後的緣由，單純是因為大眾對不熟悉的事物常常會反應過度，就像是清末的中國人見到蒸汽火車時的莫名恐懼一樣。順著這樣子的想法，政府其實應該要讓這些藥物合法，讓有需要的民眾可以透過這些東西來增加工作效率與表現——誰不想要用更短的時間完成更多的工作？

但事實上，這樣樂觀的看法其實忽略了一個非常嚴重的問題，也就是它們的副作用。一般來說，如果一個東西只有好處沒有壞處，那我們應該多鼓勵大家使用才對。但是，真正對利他能等藥物成癮的人，其實並不多見。這是因為，這些藥物除了影響我們腦部內的多巴胺轉運體、正腎上腺素轉運體外，還會對人體造成其他負面影響。一些人在服用以後，會出現失眠、厭食、反胃等等的現象。也有的人沒有因為腦內的多巴胺增加而感到快樂，反而出現煩躁不安、焦慮等等的情緒。事實上，使用這些藥物根本不會讓人真正地變得比較好。

我們可以想像，這些支持全面將類似的「認知功能增強劑」（cognitive enhancer）合法化的人可能會說，這種反對理由，將會隨著醫藥科技的進步，而逐漸消失在歷史的洪流之中。雖然科學家現在還無法全面瞭解這些藥物如何影響人體，但總有一天，我們可以把這些謎團都解開，進一步地設計出只影響多巴胺等物質在腦部濃度的藥物，讓人類可以擁有超人的專注力，卻不會受到任何的副作用的干擾。

這個想法當然是「邏輯上」可能的，意思是說「提升專注力」與「不會胃痛」等等的副作用，在概念上，它們當然有可能同時並存。無法同時並存的必須像是「會胃痛」以及「不會胃痛」這樣的性質，又或者「單身漢」與「有妻小」，一個人不可能同時是單身漢，同時又有妻子與孩子。然而，邏輯上可能跟「物理上」可能，又是不同的層次了。有一些東西可能是邏輯上可能，卻不是物理上可能的。邏輯上，一秒鐘從地球到太陽是可能的，但是根據物理定律，就連擁有世界上最快的傳導速度的光，也要花上約莫八分鐘的時間才能從太陽到達地球，這個「一秒鐘旅行」違反了物理定律，所以是物理上不可能達成的任務。我們可以想像，很有可能，不管我們如何的努力，我們都不可能找出一種只提升專注力而不會有任何副作用的化學物質。但這方面的爭論，最後還是得回歸到科學實證來談。

2.只有你變得更好，難道公平？

對於一些人來說，到底實際上有沒有可能發明出一種不傷身的「聰明藥」，問這種問題根本就搞錯了方向，世界上就算真的存在這樣的東西，也不代表使用這樣的增強劑就完全沒有爭議。事實上，很多研究發現，比起健康，更多人（尤其是在學生族群中）反對非醫療性使用「藥物」，是因為他們認為這樣做跟作弊沒有兩樣。這樣的例子，在運動圈裡面屢見不鮮。

在二〇一三年一月中旬，因為戰勝睪丸癌，並且連奪七屆環法自行車賽冠軍而聞名於世的自行車選手蘭斯．阿姆斯壯（Lance Armstrong）掀起了各界對禁藥的爭論。他在接受美國知名的脫口秀主持人歐普拉（Oprah Winfrey）的訪問時坦承，其實他所擁有的這七座冠軍獎盃，都沾染了禁藥。

他在節目中也坦承，他並不是在罹癌後才開始使用禁藥，他不是因為想要回到「過往」的榮耀而開始。早在那之前，他已施用禁藥多年。他過去針對質疑他使用禁藥的人所說的「我很抱歉你不相信奇蹟」、「對我施用禁藥的指控簡直是中世紀的獵巫」，其實都是謊言。

歐普拉以一系列的「是，或者不是」詰問，開始這段訪談：

「是，或者不是——你是否曾經使用過禁藥來提升你在自行車賽事的表現？」

「是。」

「是，或者不是——那些你使用的禁藥中，紅血球生成素（Erythropoietin, 簡稱 EPO）是否名列其中？」

「是。」

「你是否曾經違規增血（Blood doping）或者是利用輸血來增進你在自行車賽事的表現？」

「是。」

「你是否曾經使用其他遭到禁止使用的藥物如：睪固酮（Testosterone）、可的松(Cortisone)、或是人類生長激素(Human Growth Hormone)？」

「是。」

「是，或者不是——在你奪得冠軍的這七次環法賽，你是否曾使用過禁藥或者是違規增血？」

「是。」

「就你的觀點來看，人類有可能在不靠禁藥的情況下連續贏得七次環法賽嗎？」

「就我來看，不可能。」

阿姆斯壯對這六個是非題的答案，震驚了全世界。直到節目播出的那晚，我們才第一次真正證實，過去針對他的運動表現提出質疑的新聞報導，都是真的。他的傑出表現其實是在他的醫療團隊利用相關的醫藥知識，幫助他與其他隊友規避禁藥檢測達成的。仔細計劃過的施藥時間、輸血時程，使得舉辦賽事的大會檢驗不出任何禁藥反應。有時，因為用藥的成效明顯，他們甚至可以在賽前就知道自己絕對可以拿到冠軍。

在講究耐力的比賽中，選手血液中的含氧量多寡，對於他們在比賽過程中的表現有決定性的影響，就連「輸血」這樣常見的醫療行為，都有可能讓選手獲取那「關鍵性」的差異——藉由輸血，選手可以獲取額外的紅血球，讓血液中的紅血球濃度提高，增強氧氣在體內傳輸的表現，讓自己獲得常規訓練沒辦法達成的優勢。美國反禁藥組織（United States Anti-doping Agency）針對阿姆斯壯調查，指出在二〇〇九年到二〇一〇年這短短一年間，他的血液狀態變化非常可觀，以科學的角度來看，自然發生的機率甚至低於百萬分之一。

透過這些禁藥使用，阿姆斯壯所得到的並不僅僅只是抄捷徑、減少訓練時數而已，他得到的是「乾淨的運動員」幾乎不可能透過訓練得到的優勢。這也是為什麼，阿姆斯壯在訪談中告訴歐普拉，往往，他們早在比賽之前就知道自己勝券在握。

然而，到底什麼時候使用這些「藥物」會使得運動比賽變得不公平，什麼時候使用則不會有這個問題，其實不是那麼好說明清楚。

阿姆斯壯坦承用輸血等等的方式來增加自己體內的氧氣傳輸效率，確實是給了他不公平的優勢，但是他同時也認為，在他罹患睪丸癌後的賽事中，他請醫師開睪固酮給他並不是「增進」他的表現，而是「治療」他因為喪失睪丸，身體無法正常分泌睪固酮的症狀。

睪固酮（Testosterone）是一種存在於人類體內的類固醇激素，主要由睪丸、卵巢分泌，人體的腎上腺也會分泌少許的睪固酮。雖然一般而言男性體內的睪固酮會較女性來得多（成年男性分泌的量約為成年女性的二十倍），但這個激素對人類的重要性並不因為性別而有所差異。它能幫助我們對抗骨質疏鬆症、協助肌肉增長與修復、提升體內蛋白質合成等等的，是非常重要的激素。

從阿姆斯壯的立場出發，失去了睪丸的他，當然可以宣稱使用睪固酮並沒有讓他獲得不公平的好處。反而，正是因為他用了睪固酮，他才能站在同樣的起跑點上，跟其他的選手「公平地」競爭。畢竟，在這麼強調體能表現的領域中，這些激素只要差一點點，都有可能帶來很不同的結果。

3. 治療？還是作弊？

阿姆斯壯這樣為自己辯解，乍聽之下，我們可能會先入為主的認為他是騙子，所以覺得都只是狡辯而已。但退後一步來審視他所說的，施打「額外」的睪固酮只是幫助他擁有「正常男性」該有的睪固酮濃度而已，所以應該算是治療，這難道真的是無理的狡辯嗎？在使用藥物這件事情上，我們真的可以在「治療」與「非治療」用途上，畫出一道沒有爭議的界線嗎？

的確，目前很多人認為，雖然運動選手使用的禁藥也常被用在醫療用途，但因為他們使用的方式並不是為了「恢復健康」又或者是「回到正常的狀態」，他們是為了得到超出自己「正常狀態」下的表現，才使用這樣的藥物，因此他們應該被譴責。

來自阿根廷的足球名將利昂內爾・梅西（Lionel Messi）曾連續數年「公開且合法地」施打人類生長激素，但沒有人曾經向任何體育協會指控他施打禁藥，箇中緣由大概是多數人認為梅西使用人類生長激素情有可原。

從小就展露足球天賦的梅西，在十一歲那一年被診斷出患有侏儒症（Dwarfism）。這個基因性疾病會導致患者因為缺乏生長激素而無法長高，如果沒有「額外」施打生長激素的話，罹患這種病症的人通常只能長到約莫一百四十公分左右，遠遠低於一般成人應有的身高。經過多年治療，梅西最後長到了一百六十九公分，雖然是落在了一般成人應有的身高範圍內，但也不是非常的高。

梅西使用生長激素的行為被當作是治療而不是使用禁藥，主要便是因為他確實患有侏儒症，使用生長激素並不是為了踢贏同年紀的選手。這跟其他想要用生長激素來降低體脂肪、增大肌肉，或者是讓肌肉更不容易受傷的選手施打的理由，有很大的不同——是的，一般的運動選手若被發現施打生長激素，可是會被判定為施打禁藥的！

然而，一樣都是「治療」，曾經獲得二〇一二年夏季奧運男子短跑四百公尺參賽資格的南非的殘障短跑健將，「刀鋒戰士」奧斯卡・皮斯托利斯（Oscar Pistorius）卻沒有那麼幸運。

皮斯托利斯出生時就患有罕見的先天性腓骨不全（Fibular hemimelia），一出生時，雙腿的小腿骨就都各少了一條腓骨，少了這兩條重要的骨頭來支撐他的小腿，即便仍有脛骨等等的強健的骨頭，他的小腿還是缺少足夠的支撐。因為這個緣故，在他還只有十一個月大的時候，接受了截肢手術，將膝蓋以下的腿部都移除掉，此後，皮斯托利斯都是依賴義肢來移動。但皮斯托利斯在運動上的天賦，並沒有受到掩蓋。在就讀中學時，他就曾經加入水球隊以及網球隊，還打進省級比賽過。

不過，嘗試過很多運動的皮斯托利斯進入短跑領域，卻其實是個意外。高中時參加橄欖球隊時，不慎傷了膝蓋的他，接受建議，轉往田徑領域，才開始了短跑的運動生涯。短短數年間，他在田徑場上便奪得無數獎牌，幾乎無人能敵。

不滿足於在殘障田徑賽事成就的他，在申請參加非殘障運動賽事時，卻被國際田徑總會（International Association of Athletics Federations，簡稱 IAAF）質疑他那雙特製的義肢小腿，給了他「正常選手」沒有的優勢，一度禁止他參加一般田徑賽事。

或許你會很訝異，這到底是為什麼？從小就被截肢而只能靠義肢活動的人，當然是比起其他的運動選手吃虧，他如此努力才跑出這樣的成績，國際田徑總會怎麼會說他有別人沒有的優勢？依照皮斯托利斯這樣的狀況，要跑出比他身體健全的選手跑出的成績，應該是要花加倍的努力吧？

但國際田徑總會的質疑，也並非毫無道理。經過實驗調查，田徑總會委託的學者發現，相較於沒有使用義肢的田徑選手，皮斯托利斯所使用的義肢幫助他少花四分之一的能量，就能跑出跟其他選手一樣的速度，在跑步時，對抗地心引力、將身體與腳上抬的能量運用上，義肢的特殊設計，使得皮斯托利斯只要花其他人的七成力氣，就可以跑出好成績。原先以為使用義肢並不會給皮斯托利斯帶來極大優勢的學者彼得・布格曼（Peter Brüggemann）博士，看到這樣的數據時也非常的驚訝。這樣的發現使得國際田徑總會在二〇〇八年時做出禁賽裁示，因為他們認為皮斯托利斯的義肢帶給他的，已經不是與其他選手站在同一條起跑線上了。讓他使用他的義肢參賽，對其他選手不公平，有違運動比賽的精神。

對這樣的判決，皮斯托利斯當然感到非常不滿意，畢竟，布格曼博士等學者雖然與他一起做了非常嚴謹的科學檢驗，但是在檢驗時，這些學者所測驗的只有皮斯托利斯在完全直線、跑出最高速的狀況下，所需要耗費的能量與精力，他們並沒有考慮到其他因素，像是在跑四百公尺田徑賽時，跑者除了直線以外還需要在轉彎時穩定身體平衡，對於使用義肢的選手而言，他們必須要花額外的精力才能維持穩定，這樣的「弱勢」並沒有如實呈現在實驗室的環境中；使用義肢的選手，從起跑到加速階段，也很明顯的較沒使用義肢的選手要來得吃虧。這些優勢與劣勢總和起來，其實很難去說到底使用義肢的選手真的占了很大的便宜。

日後，雖然國際體育仲裁院（Court of Arbitration for Sport）推翻了國際田徑總會對皮斯托利斯所做的禁賽令，皮斯托利斯本人在爭取參加二〇〇八年北京奧運的男子四百公尺短跑參賽資格時，卻沒成功跑進最低標準45.95秒，他連個人最好的成績（46秒）也無法突破，這樣的結果或許顯示，國際田徑總會頒布的禁賽令，背後仰賴的「科學證據」，確實不夠充分。

在百般挫折後，皮斯托利斯最後終於在二〇一二年的倫敦奧運成功出賽，這段經歷除了告訴我們，肢體上的殘缺無法阻撓我們追求卓越外，或許對當代醫學來說，更深刻的意義在於，隨著科技發展，到底醫學科技是單純用來治療我們，還是有可能超越治療，加強了我們的人體機能，這樣的界線越來越模糊。

曾受託於國際體育仲裁院，參與調查皮斯托利斯義肢是否真的給予他極大優勢的美國學者修．赫（Hugh Herr, 1964–）的故事，就是很好的例子。他的故事，或許還會扭轉你對「殘障」的想法。

目前任教於麻省理工的赫教授，從小就展現不凡的攀岩天分，在他還只有八歲的時候，就成功攀登上標高三五四四公尺的聖殿山（Mount Temple），其後赫當然也成為美國攀岩界的佼佼者。然而，在他十八歲那年，他與好友一起前往新罕布夏州攀登華盛頓山（Mount Washington）時，遭受到強烈暴風雪的襲擊，喪失了方向感。他被迫在攝氏零下二十九度的酷寒中度過三夜，而最後獲救送醫時，雙腿早已嚴重凍傷，膝蓋以下的部分都需要截肢。

包含赫的醫師在內，大部分的人都認為，赫這輩子再也不能攀岩了，但出乎眾人意料，經過幾個月的復健與進一步的手術後，憑藉著赫他自己的創意研發出來的特製義肢，讓他又重返山林，繼續他熱愛的攀岩運動！

赫依據他的攀岩經驗，設計了各式各樣的義肢，有的義肢有非常強韌的人造趾頭，就算他只有一塊硬幣大小的空間，這超強趾頭也可以讓他不動如山地穩穩「站在」山壁上；有的義肢以攀登雪山的釘鞋為「腳掌」，讓他可以連續攀爬冰山數小時，雙腿也不感到痠痛。箇中緣故，一部分當然是因為，他根本就沒有小腿可以感到痠痛，但更重要的原因或許是，他的自製義肢比起他過去擁有的雙腳要來得輕得多，所以在攀登雪山時，他的大腿所要使出的力量反而比較少。透過自己設計的義肢的幫助，重返故地的他，成功攀登上葬送他雙腳的華盛頓山，成為第一個成功攀上這座高峰的「殘障人士」。

有次赫接受訪問，訪談者問到他會不會很惋惜自己失去了雙腿？要是有機會會不會想要重新擁有「健康」的雙腳？出乎訪談者的意料，赫的回答是：「不，我不要。我的義肢比我原本的腳要好得太多了。」

對赫來說，顯然，他的義肢並不單單只是幫他重新擁有步行、攀岩等等的能力，他的義肢還「增強」了他在這些活動上的能力。

4. 到底什麼是正常？

皮斯托利斯與赫讓無數截肢的人相信，沒有人可以再告訴他們「你不行」，身體的限制，將為科技所解開。赫在實驗室展現出的成果，讓我們相信在不久的將來，我們不用再辯論義肢是不是給予皮斯托利斯「正常人」所沒有的優勢，因為他們的的確確就是比「正常的腳」要來得好！

赫就曾經半開玩笑的分享道：「一開始，我朋友們看到我要攀岩，他們都說我很勇敢。後來，他們發現我又可以跟他們比賽搶第一時，他們開始覺得我有威脅性，甚至覺得我用義肢是作弊！」

回到運動場上，到底什麼是「正常」，什麼是「超出正常」，顯然還是有很多人極度在意。我們認為梅西接受生長激素的「治療」是要幫他回復「健康」、回到他如果沒有基因缺陷的話可以有的「正常的」身高；我們認為阿姆斯壯是透過醫藥科技，將自己的血液輸氧量等提升到「不正常」的高濃度，給予他極大的優勢；我們認為隨著科技發展下去，使用義肢的跑者，將會跑得遠比「健全的」運動選手快，這樣的結果對沒有用義肢的選手來說不公平……這些想法其實都是圍繞著同樣的信念——我們認為，有一個客觀的、自然的「正常狀態」可以來幫我們界定，到底我們使用某某藥物、某某科技應該屬於「治療」還是屬於「增強」生理機能。

正常、不正常，說起來很容易，但到底我們所說的正常、不正常是什麼，追究起來，這個問題好像沒有那麼容易回答。就以身高來說，明明每個人的身高都不一樣，有人高有人矮，要怎麼說誰是正常誰不正常？根據調查，荷蘭男性的平均身高為一八四公分，女性平均身高也有一七一公分，而臺灣男性與女性的平均身高則分別為一七一公分、一五八公分，臺灣人與荷蘭人之間的平均身高差距，差了超過十公分，為什麼我們不說荷蘭人長得太高了、太不正常了，或者反過來說，臺灣人跟荷蘭人差那麼多，臺灣人「基因一定有問題」需要加以治療？這樣的問題，還可以用另外的方式來呈現：在臺灣，身高一六〇公分的成年男性可能被視為「正常人」，但是在荷蘭人的角度來看，一六〇公分可能是異常的矮小，一點也不正常。

一個很直覺，而且確實也廣受哲學家、醫療專家擁護的說法是，我們可以透過統計來定義「正常」。這種理論認為，其實我們在看正常不正常，不是設定一個特定的數值，比這個數值高或低就都不正常，我們其實是看「分布」。意思是，我們透過統計，計算出人類身高的分布狀況，然後訂定出一個「範圍」來說明「正常值」是什麼。遇到不同的人種，我們可以依據人種的不同，再去做細部的統計分類，這樣就可以避免上面說到的，對臺灣人來說是正常的身高，在荷蘭人眼中可能很不正常，我們也可以利用這個更精細的統計結果來說明，為什麼某某人的身高，雖然對荷蘭人來說算是偏矮，但某某人還是不能合法的申請使用生長激素。

這種對正常狀態，又或說是健康狀態的理解方式，在哲學中被稱為「生物統計說」(Biostatistical theory)。根據這個看法，到底某某人是不是健康的正常人，應該要看他這個人的某某生理機能 (function) 在他所屬的族群裡面是不是落在正常的統計範圍內，如果低於自己所屬的族群該有的正常數值，那就是有點問題，可能需要醫療協助。

比方說，如果我們假設世界上有一種人種，他們的正常身高大概就是梅西沒有接受生長激素治療的身高，他們的存在並不能夠用來反對梅西所接受的「治療」不是治療。我們不能夠因為有這樣的人種，就因此說梅西是「正常人」，而梅西接受的療程應該被當作是「改進」體能，本質上應該跟「使用類固醇改善生理機能」擺在同一個欄位，因為梅西他在生物學的分類上，並不屬於這種人種啊！梅西他的身高究竟正不正常，應該要跟其他阿根廷的白人比較，而不是跟與他很不相關的其他人種相比，好比說，《魔戒》中的哈比人！

根據托爾金（J. R. R. Tolkien, 1892–1973）在《魔戒》中的描述，哈比人的身高大概是兩英尺到四英尺之間，換算成我們習慣的公制計算，就是六一公分到一二二公分之間。托爾金在一些段落也有提到，哈比人的平均身高大概是一〇七公分。如果這些數字還是讓你覺得沒什麼概念，那換個說法吧，一般臺灣的小孩只要四到五歲就會長到哈比人成人的身高了。那人類侏儒症患者的身高呢？根據目前的觀點，低於一四七公分的就可以算是有侏儒症了。但當然，是否真的有侏儒症，並不單單只從身高來看，這邊只是要點出，以身高這件事情來說，如果我們將「沒有施用生長激素的梅西」拿去跟哈比人的身高做比較，梅西很有可能根本就沒有資格說自己要「接受治療」，因為當他拜訪哈比人的村落時，他馬上就會變成當地的巨人了。

不難發現，這種定義誰是正常人誰不是正常人的方式，最重要的一步就是找出參照組（reference class），如果選錯了參照組，我們就無法知道到底誰需要幫助。像是梅西的狀況，更精確一點來說，我們要去看梅西他與其他「男性、同樣歲數、同樣人種」的阿根廷人之間有沒有不同，如果低於正常值的範圍，我們才能說他的狀況不大正常。

但是這種找尋參照組、透過生物統計來界定正不正常，然後再進一步說明哪些醫療行為算是治療、哪些算是改進體質的方式，其實也不是真的很客觀公允。有些學者就認為，到底我們要跟哪個參照組比、參照組又是怎麼定義出來的，其實都是我們主觀的想法去決定，連帶地，到底使用生長激素要算做是治療疾病還是增進健康，也是由我們主觀的看法來決定。

就以女性來說，女性在懷孕的時候心跳速度會跟沒有懷孕時不大相同，如果我們不將「懷孕中的女性」當成一個獨立的參照組，我們很有可能就會得到「孕婦都有病！孕婦都不正常！」的奇怪結論。但問題來了，如果我們可以把孕婦這樣小眾的族群，也拿來當作一個參照組，那我們為什麼不可以把「臺灣大學的學生」也當成一個參照組，然後說其實近視很正常，戴眼鏡矯正視力其實不應該被稱作為矯正，而應該說是增進視力？因為在臺大，沒近視的人才是「不正常」的呀？如果說，我們不應該把「臺大學生」這種不是因為生理學上的特性而構成的群體，當作參照組，我們還是可以繼續追問，那為什麼我們不能直接把有近視的人當成一個參照組，然後論述從此參照組來看，其實沒有近視的人才是統計上不正常的人？

即使我們不去問到底參照組該怎麼去定義，先假設我們確實有一個非常客觀公允的方式，可以幫助我們瞭解哪些做法是幫助人恢復健康、哪些不是，這個生物統計說還是有別的問題存在。簡單的來說，如果我們認為只有幫助人回到正常值的範圍內才能算是「治療」，而且我們還訂立相關的法規，規定健保只應該給付給那些因故生理機能下降到比正常值範圍還要低的病人，那有一些生下來生理機能就比正常值範圍還要高的人，可能就沒有辦法要求醫療院所給予適當的救治。

比方說，像是阿姆斯壯這樣的運動選手，他們身體的造血功能、肌肉密度等等的，一般都遠比我們「正常人」要來得好非常多。如果以生理機能為依據，將這些運動選手的狀態與他們所屬的參照組對比，我們很可能會發現，他們的生理狀態都是各自所屬的族群中的前百分之幾，就算是他們生病了，各方面的表現很有可能比起一般人還要來得好。

這樣特別的生理表現，在一般的狀態下，我們或許會非常的羨慕，但是如果我們認真的遵守生物統計說針對治療與改進生理狀態的界定，我們可能就不會覺得天生生理機能好是一件好事——按照這個說法，如果我們生病了，但是生理機能的表現還是高於我們所屬的參照組的正常值範圍，我們不能要求醫師給我們「治療」，因為醫生幫助我們回到我們個人的正常狀態時，會將我們的生理機能「增強」到超出正常值的範圍。如果我們活在一個健保只支付「治療費用」而不支付「增強一個人生理表現」的社會，我們可能就會恨不得自己「正常」一點。但回過頭來想一想，就像我們先前提過的，我們無法決定自己被生下來的時候的長相，也無法決定自己的先天的生理機能是好是壞，單純因為我們比較幸運一點，生理表現比較優越一點，就將我們排除在健保之外，這樣的理論似乎也有點奇怪？

除了這些問題以外，用統計來說哪些行為我們應該看做治療、有比較強的道德力量驅使我們去做這些事情，其實也是一件很奇怪的事情。統計能告訴我們的是某某群體的某個特質怎麼分布，比方說有多少臺灣人身高有一七〇公分、多少臺灣人身高超過一八〇公分，這種分布就只是描述、紀錄臺灣人這個群體的狀態而已，對統計來說，在分布上落在比較偏低的人就只是離平均值比較遙遠而已，只是「不一樣」而已，這種「不一樣」要轉化到「需要治療」，中間的鴻溝好像不是單單用生物統計就能有很好的論述支持。比方說，有的人天生舌頭下方的舌繫帶過短(ankyloglossia)，限制了他們的舌頭可以活動的空間，連帶影響發音，成為臺語常說的臭乳呆，有這樣的狀況的人在統計上確實是偏少，但是，作為統計上的少數並不代表一定需要治療，如果不影響生活，何必受皮肉痛請醫師幫忙「剪舌根」？

反過來說，作為統計上的多數，也未必不需要治療。人都會老，生理機能都會慢慢下降，許多病痛也會因此出現。如果我們單純遵照生物統計說的指示，我們應該要覺得退化性關節炎(degenerative joint disease)等等的常見狀況，根本就不需要治療，因為人老了本來就會這樣，所以不需要治療？

這種透過統計與參照組來說明，誰是正常人、什麼樣的醫療行為應該被視為治療、改進生理狀況的方案，似乎只會把我們帶到死胡同。挑選參照組時缺乏明確的理由告訴我們，為什麼這樣子挑跟那樣子挑不一樣，讓人有種「你覺得是怎樣就是怎樣」，其實根本是一種毫無規範、指引性的選擇，要不然就是可能會將一些天生生理表現比較好的人，排除在醫學治療之外。

有的學者注意到這些問題，因此認為我們不應該以統計作為論述的基礎，應該改從我們享有的生活品質、福祉著手，建構一個稱為福祉論（Welfarist approach）的說法。對這些學者來說，我們真的不應該去區分治療或者是增進生理機能，畢竟不管是治療感冒也好，還是吃維他命C也好，其實我們都是在「改善」我們的健康狀態，我們沒有真的很好的理由去畫一條界線或者是用統計界定一個範圍，告訴大家超過了這個範圍以後，即使是一模一樣的醫療行為，我們看待這些行為的方式，就得突然從「治療疾病」變成了「增進生理機能」。

這並不是說，不管是誰想要接受輸血，我們都不需要過問目的為何，因為反正不管是為了什麼目的來輸血，最後都是改善我們的生活品質、生活狀況。如果我們這麼單純想的話，很快就會發現，需要緊急輸血進行手術的人，可能會沒有血液可以輸送，單純是為了改善體能表現的自行車選手，卻有多餘的血袋擺在身邊準備使用。

這一派的學者認為，這種分配醫療資源的問題，可以從誰最需要這些資源作為基礎來解決。一言以蔽之，最急切需要醫療資源的人，在接受救治之後，整體的生活品質與福祉提升的程度最高，而那些其實沒有這些資源也不會有生命危險的人，雖然使用這些資源後也能改善自己的狀態，但是改善的幅度沒有急切需要的那些人這麼多，在比較之下，我們應該要優先將資源給予那些能得到最大改善的人。

這個看法著重在重新定義治療的意義，讓我們把治療跟改進正常生理、生活品質放在一起，重新論述醫療資源該怎麼分配。但是這個說法對於其他的議題，像是先前提過的公平性等等的問題，所能給我們的啟發就相對的比較少。對於現代人一直追求完美，甚至不惜使用藥物或者是透過手術改變自己的外貌、身形的狀況，這樣的說法也無法加以著墨。

5.更完美？還是喪失了自我？

針對近年來很多人積極的利用藥物或者是手術來改變自己的浪潮，知名的哈佛哲學教授麥可・桑德爾 (Michael Sandel, 1953–) 就曾在他的《反對完美》(*Against Perfection*) 一書中指出，這樣的追求根本不是讓自己更好。桑德爾認為，我們一味的追求更好、更完美的舉措，其實是蔑視了上天給予我們的一切 (the given)。我們運用新的科技去追求完美的過程中，展現的不是人類追求盡善盡美的人性光輝，我們展現的其實是人類如何過度濫用科技，逐步喪失自我，忘掉自己到底是誰。

在這一章的一開頭所提到的藥物，像是利他能等等的，比較單純是針對我們的專注力、記憶力。使用這些藥物帶給我們的倫理道德考量，常常是出自於可能的生理副作用的憂慮，或者是擔心競爭不再公平。但早在一九九四年，美國的心理醫師彼得・克里曼 (Peter Kramer) 就在他所撰的《聽見百憂解》(*Listening to Prozac*) 中分享了許多令人憂慮的故事。

根據克里曼在書中的敘述，有許多病人在使用了百憂解等的抗憂鬱藥劑以後，「更喜歡自己」了一些，不再總是讓內心充滿負面的情緒。更喜歡自己當然是沒有什麼太大的問題，畢竟，認識自己、瞭解自己、接納自己，是我們每個人一輩子的功課。但是，讓許多人感到憂心的是，其實有些服用抗憂鬱藥物後比較開朗的人，並不是真的更能接納自己的缺點、更能看見自己的優點。他們之所以更喜歡自己，是因為他們認為過去那個沒有使用抗憂鬱藥物時的「自己」不是「真正的自己」，他們現在透過了藥物，終於找到了真實的自我。對許多人來說，這樣的說法非常的難以想像。畢竟，這些人所說的真實的自我，只要一脫離了藥物就會消失，這種憑藉著藥物才能維繫存在的自我，怎麼可能是真正的自我？

如果說，有這樣的感覺的、強烈的想要改變自己的人格特質的，是被診斷出有憂鬱症的人，我們或許還不會有那麼強烈的不安感。但實際上，或許是因為現代社會的競爭太過激烈，有許多沒有被診斷出心理方面疾病的人，因為不滿意自己天生的人格特質，或者是覺得自己既有的性格無法幫助自己在職場上更上一層樓，他們明明沒有需要藥物治療的狀況，卻要求心理醫師開給自己相關的藥物改變自己的性格。有些音樂家在音樂會之前，為了避免緊張的情緒影響到自己的演出表現，便會使用 β-阻斷劑（beta-blockers）來確保自己能「如實」發揮平常的水準。這樣的想法對桑德爾等學者來說，是種對人性的嚴重羞辱。我們作為人，本來就會有害怕、畏懼的情緒，這本來就是人性的一部分。如果我們生來就是如此，我們應該做的，不是透過藥物掩蓋住上天給我們的這些特質，而是去接受這些特質，在這些既有的基礎上努力成就自己，才是真正彰顯我們作為人的價值的方式。

這些想法抓住了我們很多人心中的直覺——我們覺得有一個不變的、真實的自我，陪伴我們走過人生中的起起伏伏。我們在外可能因為工作需要，不會輕易地將自己內心的想法揭露出來，但是我們知道有一個真正的聲音在心裡吶喊，這聲音幫助我們確認自己確實還是自己。但是如果我們仔細往下一想，可能又會對桑德爾等人的說法有一些疑慮。

我們雖然大體上可以回憶起自己過去的樣子，想起五六歲時的自己有多麼天真、幼稚（好想快點長大去上學），也能想起小學時，剛學習數學時的困惑等等的（真難想像小時候一直無法理解除法怎麼算），但我們似乎不會認為，自己目前個性、價值觀，跟小時候的自己相比，完全沒有改變。我們過去可能很容易相信別人，但長大以後不再如此；我們可能在叛逆期時，動不動就與人一言不合、不大能體諒或是同理父母的想法，但過了幾年之後，有稜有角的個性變得圓滑許多。我們的人格特質似乎並不是一個與世隔絕、永不改變的東西。相反的，我們隨著人生的境遇，常常發現自己又有了些改變。如果改變是這麼平凡無奇的事情，我們又為什麼對那些使用藥物，來追求自己心目中理想的自己的人，有這麼矛盾的情緒？

或許我們可以很快回覆這個說法，我們可以指出，這個說法忽略了「改變」有不同的方式，不是每一種改變本質上都一樣。隨著時間的改變，又或者是透過一些心理諮詢課程達成的改變，都是經由我們自己本身的努力去達成；透過藥物促成的轉變，是經由外在的、不屬於我們本來就有的化學物質而造成的，也因此，藥物並不能真正幫助我們找到自我，也不能真的改善我們的狀況，藥物給我們的，只有虛假而已。

然而，這樣的回覆，在某意義上來說，其實背離了科學事實。抗憂鬱等藥物雖然是外來的，但是它們所帶有的化學物質、觸發的轉變，其實都是人體本身就有的。比方說有的女性吃了避孕藥後，會覺得自己比較情緒化一點，這其實只是因為避孕藥中的成分，會導致她們體內的催產素（Oxytocin）濃度升高，而人體體內的雌激素含量要是比較高一點，很自然地就會如此，並不是因為避孕藥中含有什麼人體所沒有的化學物質，以至於我們有這樣的狀況。

另一個很令人困擾的問題是，很多科學研究顯示，不只我們的情緒，我們對事情的看法甚至是道德觀，都可能受到體內的化學物質濃度高低的影響，比方說，如果我們體內的血清素（Serotonin）濃度比較高一點時，遇到需要做道德抉擇時，會比較不傾向用效益（utility）當作評判的依據。

在進行這種研究時，許多學者會利用道德兩難的情境，請受試者回答他們會怎麼做。其中一個廣為應用的兩難情境叫做火車兩難，整個情境大概是如此：

火車兩難：

你與一位比較肥胖的男性一起站在一座橫跨火車軌道的橋上，出於不知名的理由，火車軌道上竟然站了五個渾然不知即將有火車駛過的人，你知道，等到火車司機與這五個人看到彼此時，火車司機沒有足夠的時間可以煞車，而這五個人也沒有足夠的時間可以逃離火車軌道，唯一可以救活這五個人的方式，是將你身旁的男性推下橋，因為你知道這位男性的身形大到可以將火車停住，可以保住後頭五個人的性命。你會怎麼做？

如果你選擇了將身旁的男性推下橋，這名無辜的男性會因此死亡，他的家庭也可能因此永遠都活在傷痛的陰影之下，但至少你挽回了五個可能破碎的家庭。畢竟，一個家庭的破碎，再怎麼樣，都比五個家庭的傷痛要來得輕微。如果你選擇什麼也不做，雖然五個家庭會因此破碎，但你身旁的無辜男性可以保全性命，你可以告訴自己，這位男性什麼都沒有做，這五個人並不是因為他而站在火車軌道上，道德上你不應該推下他來救那五個與他無關的人。

不難發現，其實推與不推這兩個選擇，都各自有各自的道理在。我們會怎麼選擇，反映了我們的道德價值觀，而不同的道德價值觀，並不一定有對錯可言，這也是區分我們跟他人很重要的一部分，我們的道德價值觀是屬於我們的，是不會被人輕易撼動的。但這些研究發現，其實我們的道德價值觀並不像是我們所想像中的穩固，我們的選擇其實很容易受到體內化學物質的影響，如果我們體內的血清素比較高一些，我們就會比較傾向選擇什麼也不做，讓那五個在軌道上的人遭受火車撞擊喪命。目前我們並不知道到底背後的因果機制是什麼，但許多心理學家猜測，這很可能是因為血清素的濃度改變以後，導致我們更加厭惡對他人造成「直接」立即的傷害，而不是積極的回應心中那個「五比一還要大耶！」的聲音。

這些實驗對桑德爾等反對使用藥物來改變自己的學者，帶來很大的挑戰。如果血清素本來就存在於人體，而且平時就會有時低有時高，常常在改變，那我們透過藥物來改變自己體內的血清素濃度，改變的化學物質濃度也不是原先不存在我們體內的物質，為什麼我們可以容忍非藥物所帶來的改變，卻不能接受藥物帶來的轉變呢？我們有什麼好理由說，非藥物的血清素改變並沒有改變我們的自我，而由藥物介入的改變，卻引進了虛假不實的新人格？

對於追求完美可能對自我認同帶來負面影響的憂慮，或許不應該從怎樣的性格才是真的屬於自己的性格這樣的角度來思考，桑德爾等人所說的我們應該珍惜上天賜予我們的特質，可能也不是一個很好的切入點，因為我們如果接受了這樣的看法，我們似乎不該嘗試改變自己的缺點，因為我們的缺點也是上天賜予的啊！我們之所以會對追求完美這樣的事情多所保留，或許更大的原因來自於我們不希望自己是為了迎合別人的眼光，或者是與別人競爭等等的「膚淺」理由而去改變自己，把自己變成世俗所認定的完人。

有一些美國的大學生在接受訪查時就曾經表達過，其實自己並不是非常的想使用利他能等等的藥物，但是太多人使用了，而老師似乎也沒有發現，自己指派的資料、作業比起過去還要多上許多，他們只覺得學生似乎都負擔得來，所以就認為目前這樣的安排沒有問題，他們不知道的是，其實很多學生之所以能按時繳交作業，並且考試考出好成績，是因為偷偷使用了一些可能會傷身的藥物，來讓自己保有「競爭力」，按時完成作業。這就像是阿姆斯壯所說的，在自行車運動界中，就算不想要使用禁藥，但在那麼多人都使用禁藥的情況底下，也會被迫開始加入施用禁藥的行列……

或許，我們更擔心的是這種來自大環境的壓力，在不知不覺中滲入我們心中、壓迫我們心中真正的想法，迫使我們去追求那些不屬於自己的卓越吧？

小結

人似乎生下來就有一種想要把自己變得更好的天性，不管是透過食療還是運動這種看起來比較「自然」、比較「不科技」的方式，還是積極的透過實用的APP程式改善自己工作效率，這些做法反映的，其實都是我們內心那股想要把自己最好的一面表現出來的渴望。只是，人類終究是群居動物，在追尋理想的自己的同時，我們很難不影響到他人，隨之而來的公平性問題，可能將單純想要更好的渴望變成軍備競賽的燃料，看到別人比自己更好時，便想要找出辦法來超越他人，甚至是在這個過程中忘記了自己的初衷是什麼。這一章中提到的「讓人更好」的藥物，在目前臨床醫學的了解中，其實都會有些副作用，若沒有必要、沒有醫師的指導擅自使用，其實可能是欲速則不達。在使用這些新科技之前，或許我們應該先靜下來想一想，自己真正在乎的、想要的，是什麼。

延伸閱讀

Kramer, Peter D. (1997). *Listening to Prozac: The Landmark Book about Antidepressants and the Remaking of the Self*. Viking Penguin.

Elliott, Carl. (2004). *Better than well: American Medicine Meets the American Dream*. WW Norton & Company.

Boorse, Christopher. (1977). Health as a theoretical concept. *Philosophy of Science*, *44*(4), 542–

573.

Parens, Erik (Ed.) (2000). *Enhancing Human Traits: Ethical and Social Implications*. Georgetown University Press.

Kingma, Elselijn. (2007). What is it to be healthy? *Analysis, 67*(2), 128—133.

Sandel, Michael J. (2009). *The Case against Perfection*. Harvard University Press.

第四章

想要好好離開，不行嗎？

我們常說生老病死是人生裡面不能避免的重要課題，每個人都會在不同的時間點遇上它們。在我們的社會裡，我們會談新生命到來，我們會討論怎麼養病、老得漂亮老得健康，但我們很少去談，如果我們病入膏肓來日無多了，要怎麼面對死亡。這也導致安樂死這個議題變成了一個大家都曉得很重要，卻又不大敢多加討論的禁忌。誰知道，自己的見解會不會被家中長輩視為詛咒自己早死的不孝言論呢？

但事實上，我們對死亡的看法也不是一直都是如此。歷史中，人類對於生命與死亡的看法，也幾經改變。對古代的羅馬人與希臘人來說，不計一切代價去保全一條性命，才是一個很奇怪的想法。他們反而更常覺得，如果病痛無法透過適當的醫療來緩解，服毒自盡也是一種很好的選擇。比方說，古代的伊比鳩魯學派（Epicureanism）就以這樣的立場聞名於世。

伊比鳩魯學派主張，死亡根本就不值得畏懼或是厭惡。他們認為，人生在世就是要「離苦得樂」，這個世界上值得厭惡的事物，是那些會帶給我們肉體疼痛、不適的東西。我們之所以會感受到這些討厭的感覺，單單純純就是因為我們的「肉體」可以接受到這些感受，如果我們死亡了，那我們的肉體就會消散，自然而然，我們也不可能再感受這些苦楚。既然我們無法感受苦楚了，那我們就沒有「討厭」的對象了。

如果我們認真的相信，其實人也不過只是由各種物質構成，而這些物質是幫助我們可以感受到酸甜苦辣、春寒料峭、炎熱酷夏的原因，那當我們死亡了，這些構成我們肉體的物質，不再能夠傳遞給我們任何感受了，自然地，我們就沒有什麼好理由去說死亡這件事情會令人感到痛苦。不管怎麼說，死亡的那一剎那，我們就再沒有任何感受了，不是嗎？順著這個樣子的想法，既然死亡這件事情本身沒有什麼值得令人厭惡的（因為不會讓人感到痛苦），那麼，幫助不想要活在這個世界上的人早日迎接死亡，似乎也沒有什麼不可以啊？

寫出《烏托邦》（*Utopia*）一書的英國思想家湯瑪斯・摩爾（Thomas More, 1478–1535）也曾提出類似的、但比較沒有那麼激進的看法。跟伊比鳩魯學派的學者不同，他沒有激進到認為，既然人都是血肉之軀，死亡的那一刻開始就沒有痛楚，因此死亡這件事情本身並沒有好或者是壞可言。但是，他也同意，肉體上的痛楚不是件好事。在《烏托邦》的第二卷中，摩爾就提到，他心中的理想國度應該盡力地幫助老弱殘疾，盡我們所能來治療任何的病痛，但如果有人的生命只剩下痛楚，而且我們也沒有任何的辦法來幫助他緩解這些問題的話，那這樣的人應該有權選擇自己終結，或者是請他人幫忙結束自己的生命。

這樣的看法，我們也可以從安樂死的英文字源中略知一二，euthanasia 中的 eu 是希臘文中的「好的」、「善的」等等的意思，thanasia 則是從希臘文的 thanatos，也就是死亡，轉化而來。所謂的安樂死，其實就是「善終」的意思，不要讓人用不舒服的方式離開人世，或者是拖著孱弱的身體，每天承受無法驅離的病魔無盡的折磨。

但是，也有一些人認為，即便病人完全沒有治癒的希望、承受著極大的痛苦，安樂死無論如何都不應該被實行。許多當代的學者就以德國大哲學家伊曼努爾・康德 (Immanuel Kant, 1724–1804) 的理論作為基礎，企圖說服我們，不管在什麼時刻、什麼狀況底下，終結任何一個人的生命都違反了道德。他們認為，幫人脫離肉體的痛苦或者是所謂的有尊嚴地離開人世，都不是支持安樂死的好理由。這是因為，這些用來為安樂死開脫的說法，都必須先假定某某情況成立後，安樂死才能夠實行。但是，真正的道德律條，怎麼可以有例外？道德上可以實行的、值得推崇的行為，不是應該要能夠放諸四海皆準才對嗎？怎麼可以特別為安樂死提出不同的見解呢?顯然地，安樂死並不符合這樣的標準，也因此無法成為一個道德上適切的行為。

當然，這些說法各自有各自的前提與預設，其中的推論過程也不盡然無懈可擊，但我們不難看出來，從不同的角度出發、用不同的方式來理解世界、理解人，都會對我們到底該不該接受安樂死有很大的影響。

1. 死亡到底是什麼?

如果我們質問一個伊比鳩魯學派的學者:「死亡降臨的那一瞬間，人類是否真的就喪失了所有感知的能力?」我們問的問題其實是死亡會帶來什麼結果，但是另外一個非常棘手的問題「死亡到底是什麼?」，卻沒有回答到。如果說安樂死之所以不該實行，是因為執行安樂死會帶來死亡，那在醫療實務上，我們要怎麼認定「死亡」呢?

這個問題隨著醫療科技的進步，變成了醫療照護中最棘手的倫理議題之一。在過去醫療還沒有這麼發達的年代，當病患停止呼吸或是停止心跳時，醫生就只能宣告病患死亡。但是現在不同了，醫師有鼻胃管可以幫助無法進食的病患補充營養，也有呼吸器可以幫助無法自主呼吸的病人，維持必須的氧氣交換，心肺功能低落抑或是暫時喪失的病患，也可以透過葉克膜（Extra-Corporeal Membrane Oxygenation）來維持體內循環，爭取時間重獲新生。在二〇〇八年時，臺大醫院就曾經以葉克膜系統幫助一位「無心臟」病患維持生命十六天，爭取時間讓這位病患接受換心手術。而最後，這位曾經沒有心臟的病患也康復出院了。

按照過去以心跳有無作為死亡與否的想法，這位病患在沒有心臟的那一刻，自然沒有心跳可言，應該被視為「已經」死亡，後續的救治也應該被當作是無效醫療。但相關的技術改寫了死亡的定義，能否自主呼吸、維持心肺功能，已經不是決定一個人是生是死的關鍵了。科技讓我們得以克服這些生理上的限制，救回更多生命。

醫療科技的進步，雖然讓我們更能搶救每一條寶貴的生命，但是這樣的「進步」，使得醫護人員以及病患家屬對於「到底要救到什麼程度」、「拔管是不是放棄治療」，有時感到無所適從。在一九六八年時，哈佛醫學院的委員會正式針對「什麼是死亡」這個問題進行討論，最後提出了一個目前廣為各國接受的全腦

(whole-brain)功能喪失死亡觀。簡單的來說，這個觀點認為，即便我們可以透過葉克膜等儀器來維持一個人的心跳、呼吸，甚至是肝、腎功能等等的，但如果我們發現，除了「維持著」的心跳與呼吸外，其實他的腦幹、小腦、大腦……整個腦部早就已經沒有在運作了，那麼，我們就應該接受其實他早就已經離開人世了，隨之而來的拔管，也與「致死」無關。只是，將死亡以此方式定義，並不能真正幫助到所有家屬，讓他們有權可以請求醫師停止「治療」。

在臺灣的醫療史上，最著名的案例大概是王曉民的故事。一九六三年時，還在就讀高中的王曉民與同學騎著腳踏車，但不料，卻遭到車速過快的計程車撞擊，最後成為植物人。當時臺灣社會對植物人的了解並不多，能做的相關醫療檢驗也相對有限，成為植物人的王曉民是否只是暫時陷入昏迷狀態？日後有沒有機會能夠醒過來？誰也沒有把握。後來在善心人士以及美國方面的幫助下，王曉民終於有機會到醫療資源更先進、充沛的美國進行檢查、治療。

然而，在美方的檢測下，王曉民的家屬才知道，原來她的腦部受損的狀態遠比想像中的要來得嚴重。雖然王曉民與其他長期陷入昏迷的病患不同，有時會眨眼、微笑，甚至是磨牙、流淚，再再都讓家屬認為王曉民其實還有機會甦醒。但是，檢查結果顯示卻令人失望。沒有任何已知的療程能夠幫助她的大腦恢復功能，王曉民醒過來的機會微乎其微。接受了這樣的事實的王家父母，對王曉民的照顧並沒有因此變少，只是，隨著年紀增長，各式疾病還是一個一個出現在王曉民的身上；而王家二老也意識到，自己總有一天必將離世，死後或許就沒有人可以照顧女兒了，加上不忍心見愛女繼續受到折磨，希望能夠早日幫助她好好離世。然而，在立法院通過《安寧緩和醫療條例修正草案》前，兩老便已分別過世。而王曉民本人，則是在臥床將近半世紀後，於二〇一〇年三月過世。

王曉民的狀況不僅僅牽涉到臺灣法律怎麼認定死亡，她的情況還挑戰了先前所提到的全腦功能喪失死亡觀的想法。王曉民的腦部雖然嚴重受損，但是仍能夠維持基本的生命機能，按照哈佛醫學院所提出的見解，即使赴美檢驗發現腦部受損嚴重，完全無法恢復到過去的生活能力、無法有高功能的認知意識等等的，因為王曉民的腦部並沒有完全喪失功能，所以仍然不能判定為死亡。既然王曉民「還沒有死亡」，那麼相關的醫療照護以及救治都應該要持續下去，即便我們知道躺臥在床上的病患（或者是我們自己的家人）真的沒有機會重新擁有有意義的人生了。

除了臺灣的王曉民以外，國外也有許多相類似的個案，都是大腦喪失意識，但腦幹等基礎的部位，仍然能有一定的機能，所以醫師或是家屬無法以「個案其實早已死亡」來解釋拔管等等的行為與殺人的差異。有的學者因為這些案例提出對死亡的新定義，他們認為我們不應該再堅持腦部機能完全喪失才能算作是死亡。這些學者專家認為，其實當人類腦部的高功能區域(higher brain)喪失機能的時候，人就已經不再是活著的人了。

會有這樣的想法是因為，腦幹等部位所支持的基礎生理機能像是呼吸與心跳，雖然在生命中很重要，但並不是有呼吸的、有心跳的，就能被稱為有生命的人。按照這一派相對激進的看法來說，如果腦部的高功能區域已經無法正常運作，那人們就不可能擁有意識、不可能思考、不可能與他人進行有意義的交流、不可能為自己的未來做計畫、不可能開創生命的意義……這樣的生命狀態其實與全腦功能喪失者沒有太大差異，兩者之間的差別，只是在能否不借助儀器來維持呼吸以及心跳而已。因此，有些學者認為，當病患腦部的高功能區域已經無法維持機能時，終止相關的醫療行為並不能說是造成病患死亡，因為在這樣的狀態底下，無法感受世界、實踐自己人生計畫的病患，某種意義上其實早已離開人世了。

只是，雖然我們能夠理解，此派學者為什麼會想要採取這樣的觀點，但當我們想要應用在現實生活中時，到底要怎麼知道一個人還有沒有「意識」、要如何知道在腦部還未完全喪失功能的情況下，有多大的機會復原，也不是非常容易。許多人擔心，如果採取這樣對死亡的見解，那很有可能會將其實還有意識、有可能重回健康之病患的「最後一扇門」給關閉。原本尚存的一絲希望，就因此消失了。

這方面的爭論，至今在哲學界與醫學界也仍未有定論，大部分國家在制定相關的醫療法規上，都採取相對保守的全腦功能喪失論作為基礎。

2.「讓」他好走、「幫」他好走，真的不一樣嗎？

死亡到底是什麼，當然是一個切入的觀點，但一想到其實人總有一死，有時不免會覺得去問到底要怎麼看待死亡、死到底好不好，好像也未必真的很切中安樂死的癥結點。我們知道每個人都會死，但是死亡有很多種，有的人是安享天年，有的人是與病魔奮戰到最後一刻，也有的人是因為意外或是其他人為的因素，被迫「提前」結束生命。安樂死的最大爭議，大概就是在於，這種提前走到終點的狀況，讓許多人覺得安樂死跟殺害他人沒有很大的差異。

針對這樣的想法，有一些人就認為，如果重點是，我們的行為會不會導致他人提早死亡，那有一些安樂死在道德上以及法律上的爭議，應該不會那麼大才對，因為有一些安樂死其實只是讓該發生的發生，而不是讓人提早離開人世。要進一步來討論這個議題，我們可以從目前臨床醫學以及倫理學界的主流分類來看：

A. 病患自願尋求之積極安樂死
B. 病患自願尋求之消極安樂死
C. 病患非自願尋求之積極安樂死
D. 病患非自願尋求之消極安樂死

討論安樂死議題時，學者第一個想問的問題通常是：「你說的安樂死是哪一種安樂死呢？」

這是因為，不同的安樂死所牽涉到的倫理爭議，其實不盡相同，我們必須先知道要討論的安樂死到底是哪個類型的，才能夠擁有有意義的對話。

從上面的分類中，我們不難發現，這個分類其實是透過「病患是否自願」以及「積極還是消極」這兩大區別建構出來的。當病患還有能力來表達意見時，安樂死的問題會落在積極尋求安樂死以及消極尋求安樂死的差異上。以一開始提到王曉民的案例來說，有些人會認為她的家屬尋求的是所謂的「消極安樂死」，因為她以及她的家屬，並沒有要求醫療人員施打過量的藥品來「積極」地結束她的生命。若是病患已經喪失了自主能力，或者是陷入一種無法表達自己意見的狀態，又或是處於一種被脅迫或者是過於恐慌等等的情況，則會落到後兩者的狀態，像是困擾著很多家屬的「該不該拔管」這樣的問題，常常被視為是一種由他人代替病患尋求之消極安樂死。

不管是病患有沒有喪失自主能力，大部分的人都認為，「積極」地尋求安樂死一般來說遠較「消極」尋求安樂死，要來得有道德爭議，主要原因就是因為很多人認為，積極安樂死跟幫助他人「自殺」很難區分，消極的安樂死只是讓該發生的「自然」的發生，沒有進行積極的救治而已，並沒有造成更多的苦痛。積極的安樂死，卻是將死亡提前招來。只是這樣的看法在臨床實務以及哲學分析上，有時也會遇到非常棘手的難題。

在美國巴爾的摩的約翰霍普金斯醫院，就曾發生一個案例，讓臨床護理人員深深質疑，將積極安樂死用這樣的理由排除，是不是真的有道理。這個案例是關於一名患有消化道嚴重阻塞的唐氏症新生兒，當時相關的護理人員判斷，如果不馬上動手術的話，這名新生兒一定會死亡。但出於某種原因，新生兒的父母拒絕了醫生的提議，整個醫療團隊能為這名新生兒做的，就只剩下讓他經歷脫水等極大的痛楚後「自然死亡」。

在這個期間，他們不能經由這名新生兒的口腔餵食任何食物，因為他的消化系統的狀況非常糟糕，完全不允許醫療團隊這麼做。他們也不能「幫助」這名新生兒早點結束這場惡夢，因為那樣是殺嬰。或許是希望奇蹟發生，焦慮的父母每天都打電話到醫院來詢問新生兒的狀況，而醫療人員也只能據實以告。新生兒的狀況，當然，日漸惡化。他的哭喊對醫護人員造成了很大的精神壓力，整個團隊都被負面情緒困擾。最終，他死於所謂的自然因素（natural causes）。這場折磨，在這位新生兒的肉體上、醫護人員的精神上，持續了十五天。

巴爾的摩的這間醫院所採用的方式，可以勉強歸類於消極的安樂死——僅僅只是沒有積極的透過醫療行為延續生命。但從這個真實案例來看，我們也不難發現，積極安樂死是不是真的就比較可議，本身值得商榷。如果我們除了讓這名新生兒慢慢痛苦地死去以外，什麼事情也不能做，那他多活的一天也只是多承受苦楚一天而已，難道請專業的醫護人員選用適當的藥物，幫助他以比較不痛苦的方式，早一點離開這個世界，就真的不好嗎？

這些護理人員以及家屬最終還是選擇消極地讓這名新生兒餓死，其中一個主要的理由當然是因為法規，大多數的國家至今都不允許醫護人員替病人注射過量的藥物，來積極地執行安樂死。只是，法律如何規定並不是安樂死最核心的爭議。畢竟，法律是可以修訂的。

許多人認為積極執行安樂死在道德上比消極安樂死要來得有爭議，是因為他們認為前者是「使」人離世，而後者只是「讓」人離世，讓該發生的發生。假定我們知道，胎兒真的有極大的缺陷，無論如何都會早夭，那麼，不積極的墮胎，讓「自然」慢慢的將他帶走，只是「讓」他隨著他的命運離開世間。如果我們因為看見或是預期這樣的胎兒會承受極大的痛苦，覺得還是讓他早點從痛苦中解脫，而決定墮胎或者是施予安樂死，我們的決定就成了胎兒離開人世的主因——運用人為的力量結束一條生命，不是殺害，那是什麼？

很多支持這樣的區分的人因此認為，不管如何，消極的安樂死都還是較積極的安樂死要來得沒有道德爭議。也因此，有些醫護人員認為，遇到像是羅患先前提過的典型泰薩赫氏症的胎兒這樣的個案時，最好的做法可能是消極地停止能夠延長其生命的治療，讓該發生的事情在該發生的時刻發生，不要刻意延後那個時刻的到來。畢竟，如果我們無法有效的減輕這樣的孩子的痛苦，也不是很願意對他們施打相關藥物讓他們早點離世，那麼，讓「自然」帶走這些年輕的生命，或許真的已經是最好的方案了。

可是，如果我們仔細地想一想這前前後後牽涉到的因果關係，或許我們就不會覺得「讓自然帶走一條生命」跟「主動使人離開世上」真的有那麼不同。這個區分所依賴的最重要的直覺在於，到底結果是「誰」去造成的，是「自然」呢？還是人呢？

當我們想到法律上常常出現的「應注意而未注意」、新聞上時有所聞的「疏忽致死」，好像就不會覺得「讓該發生的事情自然的發生」可以真的幫消極安樂死辯護。比方說，如果消極安樂死是讓該會發生的事情發生，那在加護病房搶救病患生命的醫生們就算是一時疏忽，導致病患死亡，那其實醫生也沒有真的「造成」病患的死亡，而是「自然」帶走了病患的生命，不是嗎？換句話說，任何住進加護病房的病人，因為他們在自然的情況下理應早已離開人世，醫師的救治不管最後結果好壞，其實都是不自然的。也就是說，不作為，反而最自然。那麼，不急救，忘了該進行的施藥，其實都只是讓自然該發生的事情發生，醫護人員根本就沒有任何該被指責之處。下面的例子可能更能夠凸顯這個問題的爭議之處。

讓我們想像一下，如果有個小朋友不小心受到細菌感染，而他的醫師也知道，要是沒有給予他抗生素，他就會死亡。試想，在這個情況底下，如果醫師不加以干預，給予藥物治療，那我們可以說「醫師的不作為」沒有道德上的問題嗎？又或者是，我們可以說醫師不給予藥物治療這件事情，沒有造成這位小朋友的死亡嗎？似乎，在很多時候，我們不認為不干預、不作為這種不積極參與的狀況，就真的跟整個世界的因果網絡沒有關係。就好比說，臺灣南部冬季常常會缺水，農民可能會說這是因為該年的降雨量不高，颱風也少的原因。但是，對於監督的地方議員或是中央的部會委員來說，缺水的狀況可能是因為沒有及早清理水庫底部的汙泥，讓水庫無法儲備充足的水量而導致，也就是說，缺水一事不是「天災」，水利署的官員必須負責。

正如佛家常說的因緣俱足，要促成一個事件的發生，往往會需要許多條件的配合，要救活一個被細菌感染的小孩，我們得先有位具備專業知識的人，來辨別他的病症，然後我們也要剛好有相關的藥物可以使用，治療的環境也需要「缺乏」

其他額外的感染源等等，並不是這麼簡單的可以說，到底是什麼條件「造成」了這樣的結果。所以，同樣的一個缺水的事情，我們可以說是人們的「不作為」以致於「缺水」，而不是「自然」降雨少所以才缺水；我們也可以把焦點放在降雨量，說這一切都是大自然的安排，要是雨下得多一點，就不會缺水了。

到底是什麼事情導致如此這般的結果，其實沒有那麼絕對。更多的時候，當我們想要問到底是什麼「造成」了這樣的狀況時，得出來的結論會根據我們的問題而有不同的答案。如果遭受細菌感染的小朋友沒有救治成功，考核醫護人員能力的官員，可能會針對相關的人員在專業素養上是否有所不足來進行調查；醫藥科技方面的研究人員，則會從病理、藥物動力學方面去思考，這個細菌感染為什麼會導致如此結果；而管理醫療院所的高層，則可能會針對診間的醫療環境進行稽查，檢查看看是否小朋友的死亡其實是因為接觸到其他的感染源等。如果我們覺得這樣的說法也滿有道理的，那或許，我們也該同意，用「不積極作為」、「讓自然該發生的發生」等等的說法，其實沒有那麼容易為消極安樂死辯護。又或者說是，其實積極安樂死與消極安樂死的道德差異，或許沒有想像中的大①。

---

① 此問題在哲學中又稱為「作為」與「不作為」(action/inaction)或是「作為」與「疏

3.該怎麼迎向終點是我的事，跟別人有什麼關係？

撇除「到底消極安樂死是不是真的比積極安樂死要來得沒有道德爭議」的問題不談，很多人認為，如果執行安樂死的要求是由生命已經快走到盡頭，或是飽受病魔折磨、長期承受不可負擔之痛楚的當事人，自己在神智清明、沒有受到外力脅迫下，主動要求的，那我們就應該尊重當事人的意願，讓當事人可以選擇他所想要的方式，來結束自己的生命。

這個想法的出發點在於，其實到底安樂死怎麼執行、安樂死是讓該發生的發生，還是提早迎向人生的終點，都不是真正的重點，安樂死的重點應該擺在「尊重」個人的「自主權」。一如我們尊重宗教信仰的自由、擁抱多元價值，以及尊重他人選擇自己理想職業的自由等等的，關於該以什麼樣的方式來有尊嚴地離開人世，我們也應該保持這樣的態度，尊重每個人的自主權。

如果有人希望可以透過注射過量的嗎啡，用這種相對不痛苦的方式早點脫離

忽」(action/omission) 論爭。

病魔的折磨，那我們應該要尊重他的選擇。如果有人希望可以將身上的呼吸器、鼻胃管移除，靜靜地離開人世，那我們應該要尊重他的想法。我們不應該強加我們的觀點在別人身上，即便我們對於安樂死可能有所疑慮、對於施打嗎啡感到不安，說到最後，我們還是得要尊重別人的自主權，讓當事人自己決定自己的人生該如何過。

一九八三年那年，二十五歲的伊莉莎白・鮑維雅（Elizabeth Bouvia, 1958–?）要求她的父親將她載往醫院，因為她想做的事情，必須到醫院才能得到協助——以較為不痛苦的方式慢慢把自己餓死。出生在美國的鮑維雅，生下來就是腦性癱瘓，導致她全身上下只剩下她的右手以及一小部分的肌肉能夠活動。即便她已經癱瘓至如此，退化性關節炎仍然不放過她，關節炎帶給她的痛楚，即便是施打了嗎啡也無法完全免除。在如此的狀況下，她雖然神智清明，但是她無法自理生活，必須長期仰賴家庭成員的幫助。

到了醫院以後，醫院接受了她的入院申請，但是拒絕協助她將自己餓死。院方人員認為，社會的主流價值在於盡可能的保全每條寶貴的生命，這樣的價值遠比鮑維雅所宣稱的「自殺權」要來得重要許多。所以，他們對鮑維雅施行了強制灌食，將營養品透過鼻胃管送進她體內，阻止她將自己餓死。對這樣的狀況，鮑維雅感到難以接受，她認為院方的強制灌食是一種虐待，於是轉而向當地的法院申訴，希望能夠停止院方的強制灌食。然而，訴訟結果不如人意，洛杉磯高等法院判決鮑維雅敗訴。到底透過鼻胃管餵食是否屬於虐待、我們應不應該尊重鮑維雅拒絕治療尋求死亡的想法，也在美國醫學界掀起一陣論爭。

類似的問題，也在二〇一四年時在加拿大掀起激烈的討論。與鮑維雅相同，吉莉安・班奈特（Gillian Bennett, 1930–2014）請求醫院幫忙執行積極安樂死時，處處碰壁。不同的是，班奈特不若鮑維雅，她在還有能力自己執行積極安樂死時，在家人的陪伴下，選擇早點離世。

隨著年歲增長，班奈特發現自己的記憶力似乎越來越差。沒想到診斷後發現，她衰退的記憶力，並不是單純的因老化而起，而是二十一世紀的絕症之一的失智症。在她仍有能力進行理性思考時，她上網查詢了非常多關於失智症的文獻，她發現當代醫學只能延緩惡化的速度，想要改善失智或是恢復本來的記憶力，都是天方夜譚。更糟的是，隨著病情惡化，班奈特喪失的不只是記憶力，她的人格特質，也會因為腦部的病變，一點一滴地被侵蝕，慢慢地，她將不再是大家所熟悉的她，她的生活自理能力也將慢慢退化，到最後，她會變成植物人，什麼也不能做，什麼也不能實現。她不想要這樣的未來，她想要走得有尊嚴。

在與家人反覆討論後，她決定選擇在還有能力自我了結時結束生命。在同年的八月十四日上午十一點，她在丈夫的陪伴下，服下過量的藥物，平靜地離開人世。而她用文字所記錄下的這整個心路歷程，隨後家人也按照她的遺願，為她成立一個網站，公布於網路上。

從這兩個例子中，我們不難看出，政府拒絕將積極安樂死合法化，某種意義上來說，非常的不尊重當事人的想法，甚至可能侵犯了他們的自主權。再怎麼樣，政府都不應該將自己所信奉的那套尚且有爭議的價值觀強加在人民身上，尤其是生死此等大事。

4.再好的制度，都有被濫用的可能？

如果我們有一套非常完美、絕對不會出錯的審核系統，幫助我們了解提出安樂死要求的當事人，有沒有受到外力脅迫、是不是真的是出於自己的意志而提出這樣的要求、在提出這樣要求的時候理性功能正不正常、知不知道其他的替代治療方案等等的，那或許，尊重自主權這樣一個論點，就可以說服我們接受安樂死，並且可以作為政府制定相關法律的基礎。但很可惜的是，我們至今仍然沒有辦法提出這樣的機制。

缺乏相關的審核機制，讓許多學者認為，如果我們將安樂死合法化，原先的良好立意可能會變調——合法化後，很可能會出現很多實際上是非自願的安樂死案件。所謂的尊重自主權，反而可能會變成掩護非自願安樂死的屏障，剝奪了需要被尊重的權利，也使得日後法務機構究責困難。

如此說法並非空穴來風。一份由荷蘭的楊・雷門林克（Jan Remmelink, 1922–2003）教授於九〇年代初期所出版的報告就指出，即便荷蘭政府針對積極安樂死已有詳細、嚴謹的規範，許多的荷蘭人很有可能因為法規允許，默默變成了部分醫師濫用安樂死的受害者，導致無可挽回的結果。根據這份報告的調查顯示：

有兩千三百人因自願性積極安樂死而死亡、四百人經由醫師的指導或是幫助結束自己的生命、一千多人死於非自願安樂死（平均每一天有三人，其中約有百分之十四的民眾並未喪失意識等理性功能，但醫師未徵得其同意便實施安樂死，百分之七十二的人從未表示他們希望能終結自己的性命。有百分之八的案例，醫師雖然相信有其他替代方案，但仍然執行非自願性安樂死）、八千多人死於過度用藥（經由醫師處方，目的是加快病患死亡，而非緩解病患痛楚。其中將近五千名個案並未同意醫師透過開過量止痛藥等藥物的方式來施行安樂死）、約百分之四十五的個案家屬不知道自己臥病在床的家人其實是因醫護人員的決定而離開，而非自然死亡……

這份報告在當時震驚了全世界，讓反對安樂死的學者更加堅信，如果政府將「自願性」安樂死合法化，會有許多人死於「非自願」安樂死，擋也擋不住——有心人想要造假病歷，沒有那麼困難呀！將道德上最沒有爭議的自願性安樂死合法化、尊重病患的自主權，雖然是美事一件，但是一旦合法化了，我們很難防範部分醫師將自己的想法、價值觀投射到病患身上，自作主張地替病患決定是否要採用安樂死。雷門林克報告告訴了我們，如果沒有針對非自願性安樂死做出嚴謹的防範，我們很難有真正安全、合法的自願性安樂死。

不過，在這份報告公開以後，相關領域的學者也投入大量的精力在研究荷蘭安樂死實務上，想要了解是不是真的一如雷門林克報告所說的，將自願性安樂死合法化的荷蘭，已經變成了不尊重病患個人意願，就能執行非自願安樂死的國家。他們的報告指出，其實雷門林克報告有許多的疏漏，荷蘭的臨床實務上並沒有因為自願性安樂死合法化，就使得許多醫生完全不管病患的意願，便擅自施行安樂死。有些報告是針對雷門林克報告中的數據作出修正，說明其實有許多處於生命末期的病患，確實曾主動表示希望能接受安樂死，只是在醫師真正幫忙病患執行安樂死時，該病患已經喪失自主能力。也有報告表示，針對喪失自主能力的病患，醫療小組一般都會與病患家屬討論，該如何進行相關的治療以及照護，但由於荷蘭當地的法規，家屬並沒有決定病患該如何被救治的最終權力，所以確實有一些個案在接受安樂死時，家屬並不知情。

這些研究顯示，雷門林克報告可能過於誇大了非自願安樂死的問題，對於醫病關係的描繪也不是非常準確。雖然因為這些研究，雷門林克報告的可信度大大的下降，但這份報告仍然給了我們非常大的啟發——個人的自主權雖然需要被尊重，但在制定相關法規時，也必須要考慮到法規對他人可能帶來的影響。要如何尊重病患的想法，卻又不至於使當事人或是其他身處相類狀況的病患，暴露於危險之中，或許是支持安樂死的學者最重要的實務工作。

小結

還記得先前所提及的鮑維雅的故事嗎？不知道你是否對後續的發展感到好奇？在敗訴以後，不服判決的她決意再往加州上訴法院提起訴訟，這次，在一九八六年，法院判決鮑維雅勝訴。庭上一致認為先前的法院判決以及醫事人員都太過強調「延長生命」的價值，而忽略了「生命的品質」的重要性。

但鮑維雅本人在判決結果公布以後，卻改變了主意，決定繼續活在世上。雖然我們不曉得她目前的狀況，但是一則祭奠南加大教授哈爾蘭・漢（Harlan Hahn）的悼文告訴了我們，截至二〇〇八年時鮑維雅仍活在世上。透過鮑維雅的故事，我們或多或少可以理解，為什麼大多數的國家未將積極安樂死合法化，即便在很多情況底下，我們可以確定這樣的要求的確是來自於病患本身，而且病患並沒有受到脅迫或者是喪失理性能力，又或者，理性的病患在做出如此決定以後，會不會又改變主意想要繼續活下去。

然而，這樣的狀況畢竟與已經在生命最後階段的人並不相同，能否用鮑維雅作為例子來論述一切的積極安樂死都應該被禁止，在許多層面上都還值得更深入討論。許多與班奈特處於相似狀況的人，最後的選擇是，隻身前往像是瑞士等允許積極安樂死的國家，尋求專業醫師的協助。近年來許多醫生將這種狀況稱為死亡旅遊業（death tourism），對這樣的現象十分不以為然，也認為在道德上十分可議。

延伸閱讀

Bennett, Gillian. (2014). Goodbye & Good Luck. Retrieved from http://www.deadatnoon.com/index.html

Brock, Dan W. (1992). Voluntary active euthanasia. *Hastings Center Report*, 22(2), 10–22.

DeGrazia, David, (2011). The Definition of Death. *The Stanford Encyclopedia of Philosophy*,

Edward N. Zalta (ed.). Retrieve from https://plato.stanford.edu/archives/spr2017/entries/death-definition

Rachels, James. (2009). Active and Passive Euthanasia. In Steven M. Cahn (ed.), *Exploring Philosophy: An Introductory Anthology*. Oxford University Press.

Kuhse, Helga & Singer, Peter. (2001). Killing and Letting Die. In John Harris (ed.), *Bioethics*. Oxford University Press.

第五章

當專業上最好的決策與病人的個人意願相左時，該怎麼辦？

敬稟醫神阿波羅、阿斯克勒庇俄斯、許癸厄亞、帕那刻亞，及天地諸神聖鑒之，鄙人敬謹宣誓：

余願盡己之能力與判斷力之所及，矢守此約……余願盡己之能力與判斷力之所及，恪守為病家謀福之信條，並避免一切墮落害人之敗行，余必不以毒物藥品與他人，並不作此項之指導，雖人請求亦必不與之，尤不為婦人施墮胎之術。余願以此純潔神聖之心，終身執行余之職務。至於手術，另待高明，余不施之，遇結石患者亦然，惟使專匠為之。無論何適何遇，逢男或女，民人奴隸，余之唯一目的，為病家謀福，並檢點吾身，不為種種墮落害人之敗行，尤不為誘姦之事。凡余所見所聞，不論有無業務之牽連，余以為不應洩漏者，願守口如瓶。

倘余嚴守上述之誓詞，願神僅僅使余之生命及醫術，得無上之光榮；余苟違誓，天地鬼神共殛之！

幾千年前，希臘的希波克拉底（Hippocrates）在各處行醫時，大概不曾想到，自己竟然會在歷史上成為名人，甚至被稱為「西方醫學之父」吧？更出乎他的意料的，或許是上面這份「誓詞」的出現。這份誓詞現在被稱為〈希波克拉底誓詞〉（*Hippocrates Oath*），但是它首次出現的時間，據信大約是在羅馬時代——一個希波克拉底早就辭世許久的年代。一連串的巧合，像是希波克拉底意外在歷史上留名、不知名人士假託其名發表的一篇「誓詞」沒有因為戰亂而亡佚，讓這份作者不詳的短文成為西方醫學界共通遵守的規法長達一兩千年。

這份誓詞大概可以分作三大部分。第一個是醫療的目的是什麼？在這邊，〈希波克拉底誓詞〉告訴我們，醫療應該是要幫助他人「恢復健康」，而非使人「墮落敗壞」。第二個大重點則是說明，有哪些「醫療行為」違反了醫療的目的，所以不應該施行。好比說給予或者是教導病人使用毒藥、幫助婦人施行墮胎、為病人施行外科手術等等的。第三部分則是規範了醫療從業人員與病患之間的關係，醫護人員應該如何與病人相處才適當。這裡面就明確的說了，無論何時何地、是男是女、階級身分，醫護人員都不應該因此對病人有差別待遇。醫護人員也不應該與病人有不正當的性關係、不該隨意洩露病人的隱私給他人。

這份古老的誓詞直到今日仍有許多規範為當代的醫護人員遵守，像是不得與病患發生不正當的性關係、醫護人員不應該因為病患種族、社會階級而在救治上有所分別等等的。但其中也有不少部分已經與現代醫學有所脫節，好比說，「不得為病患施行外科手術」，這在今日簡直難以想像。而誓詞中所提及的鬼神之說，現在也不被視為醫學中重要的一部分。雖然許多的醫護人員也有他們自己的宗教信仰，但他們泰半認為，能不能幫助他人減輕病痛、重獲健康，最關鍵的因素是有沒有相應的醫藥知識，而不是祈求上蒼用奇異的力量驅除惡靈。因為這些觀念的改變，許多的醫學院校在正式授與醫學生醫師袍的典禮上，不再以〈希波克拉底誓詞〉作為誓言，改而採用〈日內瓦宣言〉(*Declaration of Geneva*)：

准許我進入醫業時：
我鄭重地保證自己要奉獻一切為人類服務。
我將要給我的師長應有的崇敬及感戴；
我將要憑我的良心和尊嚴從事醫業；
病人的健康應為我的首要的顧念；

我將要尊重所寄託給我的祕密；

我將要盡我的力量維護醫業的榮譽和高尚的傳統；

我的同業應視為我的手足；

我將不容許有任何宗教，國籍，種族，政見或地位的考慮介於我的職責和病人間；

我將要盡可能地維護人的生命，自從受胎時起；

即使在威脅之下，我將不運用我的醫學知識去違反人道。

我鄭重地，自主地並且以我的人格宣誓以上的約定。

這份在一九四八年的世界醫學學會（World Medical Association）上擬定的新誓詞，雖然日後仍幾經改動，其中的精神並沒有太大的差異。它將〈希波克拉底誓詞〉之中，不符合當代社會價值或者是醫療實務的內容去除，取而代之的是國籍、受胎等等較為現代的觀念。仍在醫學、哲學、甚至是法學界激烈爭辯的墮胎、安樂死等，則不復見於這份誓詞之中。

只是，這份「當代」〈希波克拉底誓詞〉雖然已經盡力地將有爭議性的想法排除，醫療道德的難題，卻還是如影隨形，繼續困擾著無數的醫護人員。當我們說，健康當是醫師的首要顧念時，我們的意思是不管病人的想法、家屬的想法為何，只要醫生開口說：「我覺得這些想法沒辦法跟我心中最能幫病人恢復健康的做法相契合」，醫生就可以不管病人的想法，堅持要執行他認為「最適切」的手術、療程嗎？這樣的醫病關係，似乎不是大多數人理想中的醫病關係呀？這種「我是真的真的為你好」的想法，跟「即使醫療知識非常不足，但作為病患還是有一定的發言權」的看法，哪邊的想法比較有道理、要怎麼深入思考才比較能夠抓到讓我們感到困擾的價值衝突點，一直都是當代醫療哲學界中爭論不休的問題。每個人都有可能生病，每個人都有可能需要醫師的協助，但到底作為病人，或是作為醫師，這之間的互動要怎麼拿捏，並不是那麼的容易。

1. 健康當是醫師的首要顧念？

大多數人前往醫院或是診所時，都是因為身體有些狀況才會去尋求醫師的幫助（這邊就先不討論醫美診所了！），在這樣的狀況下，我們很自然地會希望醫師將盡力幫助我們恢復健康當作最重要的考量，就如同〈希波克拉底誓詞〉中所說的「余願盡己之能力與判斷力之所及，恪守為病家謀福之信條」、〈日內瓦宣言〉中的「病人的健康應為我的首要的顧念」，其他的事情比起幫助病人謀取更大的幸福、恢復健康來說，都是次要的。

在許多時候，這樣的看法並沒有太大的問題，畢竟幫助病人恢復健康本來就是醫護人員之所以為醫護人員的原因。只是，就像很多日常生活中的陳規一樣，若我們花點時間、仔細想想，這些看法往往不若我們一開始所想的那樣真確：要是我們真心誠意地希望，醫生將「病人的健康」這件事情當作「最重要」的考量時，我們很有可能在同一個時間也真心誠意地認為，我們自己的價值觀、好惡，在決定要做什麼樣的療程時，優先次序比不上醫師的專業判斷。

如果我們假定了「首要」顧念的意思是「第一個」、「最優先的」、「最重要的」，那其他的考量很自然地，都要排在「首要顧念」之後，也就是說，如果我們也認同這兩份誓詞所要傳達的「健康第一」的想法，那我們就要同意，除了健康以外的考量，像是我們的宗教信仰、個人價值觀等等的，都必須置於其後。如果病人信仰的價值給予他們的啟發與醫師的想法不同，他們應該無條件地聽從醫生的指示。或者更激進一點，病人應該要認為自己的意見根本就不重要，一切都應該以醫師的專業判斷為依歸。

一想到這裡，大多數的人大概就會開始覺得這樣的看法有點不近人情，也不符合大多數人對醫病關係的看法了吧？身體畢竟是病人自己的，怎麼可以都由醫生說了算呢？病人個人的價值觀、想法，醫師在診療時，也需要好好地考慮考慮的吧？或許〈日內瓦宣言〉應該重新再改版，把這種「醫療專業至上主義」改掉，如此才比較符合當代的主流民意？

然而，「多多考慮病人的想法」說起來容易，實務上應該怎麼做才好，卻沒有那麼簡單了。比方說，醫師的專業判斷與病人的選擇相互衝突時，完全沒有雙方都能接受的第三個方案時，醫師該怎麼辦呢？在美國，有些基督教徒，如信奉耶和華見證人（Jehovah's Witnesses）這個教派的信徒就認為，《聖經》上關於人不應該食用血的篇章，如〈申命記 12: 23〉、〈使徒行傳 15: 28–29〉，所規範的並不單純只是要人不要將血液當作食物，這個規範其實也涉及到醫療上。對他們來說，輸血跟食用血都一樣違反了上帝所制定的律法，如果接受輸血，那他們就將不再

「潔淨」，如此一來，他們就會無法上天堂。所以即使是到了生死交關的時刻，作為虔誠的教徒，也只能選擇蒙主寵召，而不應該接受輸血，以不潔淨的方式延續在這個世界的生命。

如果有位耶和華見證人的信徒出車禍被送進醫院，需要立即接受輸血才能保住性命，那在知道這位信徒的個人信仰之後，醫師應該怎麼做才好呢？完全尊重病人的宗教信仰、個人價值，就盡可能的在不輸血的情況下搶救呢？還是醫師應該堅持「健康第一」、「價值第二」，先以救活病人為目標，其他的東西都不重要？

2.因為醫生都是為你好，所以都該聽醫生的？

對許多醫生來說，他們當然知道有時他們的建議會與病人的價值觀、宗教觀相衝突，但是他們所做的建議都是為了病人好，是站在病人的角度，認真思考怎麼樣能幫助病人早日恢復健康才提出的建議，並不是出於利己的因素才希望病患能夠接受自己建議的療程。這種「我是為你好，所以你應該聽我的！」的想法，因為聽起來好像父母親在教訓子女時會說的話，所以在中文世界的哲學討論中，通常被稱為家父長主義(Paternalism)。

支持家父長主義的人普遍認為，如果權衡了事情的輕重緩急以後，有必要去干預別人的生活或者是個人選擇，那只要干預的結果比起不干預要來得好，當然可以不管他人已經做下的選擇，幫他們選一條「更好」的路，畢竟這一切都是為了當事人好，怎麼會有道德問題呢？換句話說，這是為了那位被干涉的當事人好，也不是為了一己之私，如果說被干涉的當事人可以因為這樣的干預，而有更好的未來、更好的健康，那這樣的做法，當然應該要舉雙手贊成啊！如此觀點，從「行為效益主義」觀點來看，或許真的是如此。

行為效益主義是倫理學中的一大派別，這個派別的想法大概可以這麼說：一個行為到底是好是壞，該做不該做，完完全全取決於「這個行為」最後的「結果」。比方說，殺人這件事情，我們一般會覺得是一件非常不好的事情，有的人甚至覺得只要殺了人的人，都該一命償一命。但是，想一想，如果我們遇上了兇殘的強盜殺人犯呢？在這個情況底下，最道德的行為反而可能會是快點拿起手邊的工具去將他殺死。這是因為「殺人」這個事情，雖然「一般來說」是不好的行為，但對於支持行為效益主義的人而言，真正重要的不是我們平常怎麼認定「殺人」

這個抽象的概念，而是某某人做了殺人這個行為，最後的結果是什麼，結果好就好、結果不好就不好。

如果還是不大理解到底這個立場怎麼為一些「乍看之下不好」的行為辯護，那下面這個例子或許能有些幫助。我們一般認為，說謊是很不好的行為，康德甚至認為，根據黃金律則，在任何情況下，說謊都是道德上不對的行為。但是，有的時候，我們面臨到的狀況並不是那麼容易讓我們做出「說謊肯定不好」這樣的判斷，相反的，我們心中的行為效益主義小精靈一直在我們耳邊說：「這種狀況，說謊反而比較好，說個小謊，可以成就更大的善啊！」有一個很有名的例子，就是針對這樣的天人交戰時刻而編織出來的。

想像一下，有位無辜的猶太人在納粹統治德國時逃難到你所居住的村子裡，你見到他倉皇逃難的樣子，二話不說，便讓這位猶太人進門藏匿。隨後，追捕猶太人的納粹也來到了你的村子中，他們挨家挨戶地敲門詢問「有沒有猶太人躲在裡頭啊？」，輪到你家時，當你被問上這個問題，你該怎麼做？如果你是康德的信徒，認為無論何時都不能說謊，那你大概就只有緊閉嘴巴什麼都不說（但當然會使納粹起疑，可能最後導致強行搜索，使得自己與藏匿的猶太人都喪命），以及誠實地說出「有的，有一位猶太人藏在我家」，然後導致那位猶太人喪命。無論如何，都很難達到「說謊」可以帶來的「好結果」——把納粹騙離自家，保護那位無辜猶太人的性命。

這樣的例子當然在當代已經不大會出現在我們的生活經驗之中了，我們很幸運，不需要面對這麼殘酷的道德試煉。但是，這個例子中的癥結點、讓人感到頭痛的問題，其實在我們生活中一再上演。在權衡一件事情到底道不道德、好不好，是不是真的應該只考慮做這件事情可以帶來的結果就好，還是，有一些大原則是我們應該堅守，即使固守著那些原則會導致相對不好的結果也是一樣。這些天人交戰降臨的時候，我們可能忙著思考到底該選哪個選擇，沒有注意到其實這個煩惱來自於我們信奉的道德觀念互相衝突。這些價值觀念平常在我們內心深處，默默幫助我們決定什麼該做、什麼不該做，合作無間。但在一些狀況下，它們卻會相互衝突。在醫療的情境中，這種衝突的情境，尤其常見。

醫療院所是很特別的地方。在現代，大部分的新生命都在這裡誕生。但是，也有許多人是在此離世。在生命的開始與盡頭之間，則是許多需要做出重要醫療決定的人——做出對的決定，那就有很大的機會恢復健康，離開醫院。做出錯誤的決定的話，那步向生命終點的可能性，就大大的提高了。醫護人員的專業訓練、看診資歷，讓他們比起一般病患來說，更能判斷到底有哪些方式是比較可能幫助病患恢復健康的，有些人便覺得或許所謂的醫者仁心的意思，就是採取必要手段幫助病人恢復健康，即使這可能包含欺騙病人。下面這個例子只是一個憑空捏造的例子而已，但是這個例子可以幫助我們進一步地瞭解，為什麼會有人覺得，行為效益主義是正確的指導原則。

小李是一個醫生，他知道他眼前的病人很容易想太多，常常陷入不必要的恐慌。看著手上拿著的乳房組織切片報告，小李很猶豫要不要誠實以告，也就是——讓病人知道，切片報告顯示，有一小部分的乳房細胞轉化為癌細胞。他的猶豫不是沒有道理，因為他太了解他的病人了。他知道如果向這位女士據實以告，即便只是非常初期的乳癌、只要透過手術治療就有百分之九十幾的超高治癒率，病人還是一定會胡思亂想、陷入不必要的低潮。他知道他的這位病人很渴望健康，但可能就是太過渴望了，只要有一點稍微負面的情緒，就會使她心情低落，低落到覺得沒有任何的方法可以救治自己，拒絕再回到醫院接受治療，把那一小部分的細胞移除，任由癌細胞擴散全身。而事實上，報告確實顯示病人的乳癌只是非常初期的乳癌而已，根據小李的了解，這種狀況只要願意接受治療切除患部，治癒率趨近於百分之百。

他左思右想，不知道是否要向他的病患據實以告。但基於醫師的天職——幫助病人恢復健康——他最後還是決定說謊。他認為，在這樣的情況底下，善意的謊言比起誠實以告還是比較好，誠實只會讓可以治癒的病人遠離療程，若是有個萬一，病人還可能因此而死。說個小謊讓病人接受相關治療回復健康，雖然欺騙了病人，但小李覺得，這兩個選項會帶來的結果比較起來，當然是說謊比較好啊！所以小李最後編了一個謊，告訴他這位病人檢查結果「一切正常」，只是為了以防萬一，還是動一個小手術把乳房內的小腫瘤給移除。結果一如小李所料，原本眉頭深鎖的病人歡天喜地地接受他的建議，在接受手術後，病人的復原狀況非常良好，沒多久就出院了。

小李做出的這個決定，並不代表小李覺得人可以隨便撒謊，這也不代表他覺得所有的謊言都是一樣的。小李最後會這麼做，是出自於他的仔細評估。他在斟酌過包括直接告訴病人檢驗報告的結果、說善意的謊言等所有的選項後，最後發現在「這一個」個案上，對病人說「這個」善意的謊言，所帶來的結果會是最好的。這就是他為什麼決定說謊而不是據實以告。這樣的思考模式，就是行為效益主義的核心精神：當我們要決定一個行為是好是壞時，最重要的因素應該是「這個行為」所帶來的「結果」；動機、手段等等的，都是次要的。

當小李被問到這樣會不會讓病人感到不舒服時，我們可以想像到他很可能會這樣回答：「我這樣子做，對我有什麼好處？我都是為了病人的身體健康好啊！」是啊！醫生這麼做，其實也沒有真的得到什麼好處，這麼做能換來的，其實也就是病人健康出院而已。這麼一想，或許真的，我們應該認同這樣的想法，覺得只要醫生認為有必要，他們都能夠不管病人的想法，直接依據他們專業的風險評估為病人做決定。實際上，由於臺灣有許多民眾有「逛醫院」的習慣，許多醫生選擇開沒有任何療效的「安慰劑」給逛醫院的常客，這樣的行為，其實跟上面假想的小李醫師的行為沒有太大的差異。所以我們確實也可以說，在臺灣的臨床實務上，醫師確實常常說善意的謊言來幫助病患維持健康。畢竟，沒病硬是要吃藥，不只是浪費醫療資源，身體也很可能會從沒病變成有病。

只是，上面所談的這些假想的狀況、開立安慰劑，其實跟我們大部分的人在醫院時所經歷到的有很大的差異。如果你或是你的家人曾經入院需要動刀，你大概或多或少知道，大部分的醫生並不是按照這個邏輯行事。相反的，每當醫生覺得我們應該要動什麼手術時，他們都會先請我們詳細的閱讀手術的流程以及風險，沒有家屬、當事人的簽名認可，他們不會為我們執行任何的手術——即便他們深深地認為，不執行手術的話病人無法恢復健康。

為什麼？

除了剛剛所說的康德的想法以外——反正不管怎麼樣都不該說謊——另外一

種解釋的方式，是透過「律則效益主義」(rule utilitarianism) 來加以說明。剛剛所說到的「行為效益主義」，這個觀點著重在「單一」一個行為所能帶來的結果好壞，它沒有考慮到，在很多時候，我們在思考到底一個行為該做不該做時，不只是去想那單一一個行為到底可以產生怎麼樣的結果，我們還會去思考，現在打算要做的行為，在更大的框架下，會帶來什麼結果，有沒有可能當我們把格局拉得大一點、廣一點來看時，會發現這樣做的話，其實整體可以帶來的效益，不增反減？

我們常常說不要有雙重標準，「律則效益主義」的看法也與這樣的想法有一些相似。與行為效益主義不同，律則效益主義在評估「效益」時，著重在「原則」上。就拿說謊這件事情來說，在剛剛的例子裡，小李思考的是他在那個狀況下說謊可以帶來的效益是否正面，他沒有考慮到在其他的狀況下，說謊會帶來的結果是什麼。從律則效益主義的觀點來看，如果我們同意小李可以說謊，那我們也應該要對其他相類似的狀況一視同仁，也同意在那樣的情況下可以說謊，不能夠一下子說這樣子可以、那樣子不可以，在評估的時候，我們應該要從大原則來看，而不是原則下面那一個一個、個別的行為。

然而，如果我們不從單一行為去評估，而從大原則去看，我們很可能反而會就此認為小李不應該說善意的謊言。這是因為，除了小李與他的病人以外，還有許多人也受到善意的謊言欺騙，但這些謊言未必真的可以促成好結果。好比說，在美國就曾經有醫生在知道病患是信奉耶和華見證人的情況下，不顧病人的信仰（如果接受輸血，將會無法上天堂）為病人輸血開刀，雖然救回了病人的性命，卻造成了病人一輩子的心理創傷。那位虔誠的病人真心地認為自己違反了戒律、不再是一個合格的好教徒外，教會的朋友也與他漸行漸遠，因為他們認為接受了輸血的他在宗教上不再潔淨……或許你會覺得，這位教徒的朋友也太奇怪了，早早跟他們分道揚鑣也好，但是這樣的想法並不是非常的體貼，畢竟，這位教徒他的「好朋友們」確實就是因為這樣而疏遠他，失去這些朋友帶給他的心理創傷，不是外人可以這樣隨便說三道四的。我們也可以想像，如果這個只要是為了病人好，就可以騙病人或是不尊重病人信仰的「善意謊言原則」為人所熟知，有些人也很可能便因此直接選擇不到醫院就診，因為他們知道，根據善意謊言原則，只要醫生覺得有必要，醫生有很高的機率會對他們說善意的謊言、不尊重他們的想法。要避免這樣的事情發生，最簡單、乾脆的方式，就是不要就醫……而這確實是許多耶和華見證人信徒的選擇。如果附近沒有他們「確定」絕對會尊重他們信仰的醫療院所，他們寧可不要冒著不能上天堂的風險去就醫。

除了上面所說到的狀況外，善意的謊言也有可能造成其他的問題。紐約大學醫學院的安東尼菈・瑟邦（Antonella Surbone）博士就曾投書指出，義大利大眾普遍認為，如果病人的病症嚴重，那對病人說善意的謊言比較好。這樣的想法甚至連義大利醫學協會（Italian Medical Association）都贊同，該協會曾經指出「若檢測發現病症嚴重，醫生可以選擇不告知病人實情，只透露給病人家屬相關訊息」。這背後的邏輯，主要是不希望讓病人因病情感到焦慮，好好走過最後一段人生。因為這種「不要說」的文化，瑟邦醫師在就讀醫學院時，親眼目睹了醫師告知癌症末期的病人，其所罹患的是胃炎而非癌症；接受和緩治療的病人以為自己是在治療關節炎，對罹患乳癌一事渾然不知；還在就讀大學的病患，不知道自己遇到的問題遠比肝炎嚴重，導致他身體不適的並不是單純肝炎引發的肝衰竭，真正的原因其實是擴散中的淋巴癌。

雖然這些個案或多或少都知道，醫師並沒有告訴自己真相，但因為長久以來，義大利的醫療文化就是如此，也沒有多加追問。有些其實可以在病人辭世前，妥善處理的遺產問題，便因為病患不知道自己即將要離開人世，而沒有得到妥善的處置；有的單親媽媽太晚知道真相，到臨死之前，才開始急著找尋可以信賴的親友託付孩子，但時間不等人，在找到可以依賴的親友前便撒手人寰的母親，也大有人在。

如果我們考慮到了這些狀況，或許我們就不會認為「在為了病患好的大前提下，可以說善意的謊言」這樣的原則真的可以帶給我們最大的效益。依據效益主義的最高指導原則——結果如何決定行為好壞——不顧病患的想法、擅自為病患做決定，反而變成了道德上不應該做的行為了。

3. 不管好壞，我的身體當然是我自己來決定？

除了律則效益主義帶來的挑戰以外，其實在當代的醫病關係討論中，也有另外一大派觀點十分不同意上面所談的這種「只要是為你好，你的意見都不重要」的家父長主義作風。事實上，我們剛剛在說到「不尊重病人」、康德的絕對不能說謊的觀點之時，其實已經稍稍的觸碰到了這個議題了。也就是所謂的自主權

(autonomy)。

康德之所以會覺得，我們無論如何都不能對人撒謊，背後其實是有理由的。康德覺得，每個理性的人都該被當作是有自主決定自己要做什麼、要成為什麼樣的人的權利，沒有人可以為別人決定到底別人該成為怎麼樣的人。如果我們需要透過欺騙，來「幫」別人過上更好的生活，那我們豈不是將對方給看低、覺得對方不如自己、覺得他們沒有能力靠自己的能力達到我們所預見的美善？因為我們不希望別人這樣看待我們，我們不希望被欺騙，所以我們理當也不該這樣對待他人——我們對待他人，應該要用我們自己也能欣然接受的方式。不能夠在自己與別人之間設下雙重標準，道德準則應該是放諸四海皆準，每個人都用同樣的標準對待自己、對待別人。

不過，康德所提出的這種自主權的觀念，其實與我們一般在思考的自主權問題不大一樣。在康德的討論之中，自主權是跟我們的整套道德體系到底該怎麼建設有關，他是透過這個放諸四海皆準的觀點，去論述為什麼殺人跟說謊這些行為無論如何都不能做，還特地為這些規範給出了一個名稱，稱之為「無上律令」(categorical imperative)。但是，在我們當代的自主權討論中，我們未必會將這個權利跟道不道德做連結，我們想到的是「我的未來我作主」、「我的身體我來決定」。我們認為，被影響的事主應該要有權利為自己做選擇，這個選擇可能是要念哪個大學校系、買哪臺車，跟剛剛所提及的康德的思路，其實有點差異。但這差異不代表自主權就會跟倫理道德討論毫無關聯，比方說，爸爸媽媽強迫自己的孩子放棄選讀電影系而去讀法律系（或者是放棄法律讀電影），這樣不顧孩子的個人意願，強迫孩子按照自己的意志選擇校系，當然也是非常值得討論的「道德問題」，因為當父母選擇這麼做時，就是剝奪了孩子自己做選擇的權利。

回到醫療實務上來看的話，醫療實務上針對自主權的討論，當然是比較接近剛剛所說到的「選擇」的權利，也就是說，不管病人的選擇從「專業」觀點來看，是好是壞，只要病患沒有遭受嚴重的精神疾病折磨，完全無法有理性的溝通、思辨，那醫生都應該尊重病人的選擇。在臺灣長期接受民主自由思想的我們，可能會覺得自主權是個理所當然的權利——每個人本來就不該受到外力的影響，自己決定自己到底想要做什麼啊！我們另外可能也會覺得，康德的著作都已經出版了兩三百年了，自主權的重要性早該成為各國醫療界的醫療守則的一部分。但事實上，在醫療史上，對病患的自主權的關注，其實相對晚近才出現。以美國來說，要一直等到一九一四年，美國法院才第一次正式宣告「每個神智清明的成年人都有權決定該如何對待自己的身體」，告訴醫界以及大眾，就算是專業的醫師也不能夠單就自己的「專業判斷」就不管病人的想法。

想一想，從病人進入到診間的那一刻開始算起，醫生對病人的了解有多少呢？X光片、核磁共振的報告書、超音波照出來的樣子……這些都只是我們的一部分而已。專業的檢驗讓醫生告訴我們，我們現在的不適很有可能是身體哪邊出了問題，但是醫生沒辦法從這些冷冰冰的資料知道我們的成長背景、家庭狀況、信仰的價值觀等等的。醫生從「治病」的角度出發，得到的最佳方案，有的時候，可能會跟我們自己的看法不大一樣，我們很可能會覺得醫生根本就不了解我們的狀況。如果醫生不了解我們，那他們又怎麼可能真的設身處地地為我們做出最好的決定呢？又，當我們談到「設身處地」時，這個世界上有誰能比我們更了解我們到底需要的是什麼？比我們自己更能為自己的權益發聲？順著這個理路，似乎很合理地，到底要接受怎麼樣的治療應該由病人自己「作主」，而不是讓醫生用「專業」來替病人決定。

事實上，這個想法十分貼近英國哲學家約翰彌爾（John Stuart Mill, 1806–

1873）在他的經典大作《論自由》（*On Liberty*）中的論點。彌爾雖然也是非常知名的效益主義學者，認為一件事情的好壞取決於它所能帶來的結果，但有趣的是，這樣鼎鼎大名的學者，卻又同時大力宣揚「傷害原則」（Harm principle）。這個傷害原則的想法非常的簡單，它所說的就是，只有在為了防止他人去「傷害別人」的情況下，我們才能去干涉他人的行為。除此之外，我們無論如何都該尊重他人的自主權。比方說，如果有人決定要傷害「自己」，因為這樣的行為沒有傷害到別人，所以根據傷害原則，我們不應該用我們自己的想法，去干預這種自殘的行為。評估結果好壞，再來決定什麼事情該做什麼事情不該做，這個重要的效益評估原則，好像在此就被信奉效益主義的彌爾給忘卻了。有些哲學家認為彌爾這樣的說法，與自己所支持的效益主義立場大相逕庭、立場不一致，也有的人認為，彌爾對自主權的重視跟他所提倡的效益主義並不相衝突。不過，不管這個爭論最後由誰勝出，我們至少可以知道，就彌爾自己本身而言，他是相信自主權的重要性可以用效益主義的觀點來辯護的。

彌爾支持自主權的主要理由，跟先前曾簡單介紹的康德的理由，完全不一樣，但是解釋起來也很容易。他認為，人雖然在聰明才智上有高下差別，但大家都是人、大家都會有侷限性。有的人是因為天生反應比較慢一點，所以在思考上有所侷限；有的人則是因為人生的閱歷有限，所以想要做選擇時，無法百分之百確定自己的想法是否能夠付諸實現。不管是因為天生的智能還是後天的經驗，總而言之，沒有人可以說自己什麼都知道、什麼都了解。在這樣的情況底下，有任何人說「聽我的準沒錯！」，我們都可以反問他們「你怎麼知道準沒錯？」

其實在醫療實務上，再怎麼資深的醫生也不大敢拍胸告訴病人自己的見解絕對沒有錯、自己推薦的療程一定是最好的。以分科很細的牙科來說，不同專業背景的牙醫師對於同樣一個問題，他們的切入觀點與見解就有可能非常不同。在幫忙有缺牙問題、需要重建咬合功能的病人時，贗復科背景的醫師可能會推薦用安裝牙橋的方式、矯正科的醫師可能會推薦透過矯正器的幫忙來移動其他健康的牙齒，慢慢將缺牙的縫隙「關起來」、而口腔外科背景的醫師則可能會推薦透過比較偏向外科手術的方式來治療、植牙專業的醫師則可能從他的專業觀點看，會推薦直接「種」一顆假牙在缺牙的部分。頭昏眼花了？這還只是針對一個單一問題，四種不同專業背景的牙醫師可能提出的四種方案而已呢。這邊並不是要說醫師彼此的觀點一定都會有所衝突，這個簡單的例子要談的只是，因為各自專業訓練不同，每位醫師的切入角度也未必相同，雖然這些方案都經得起醫學專家的檢驗，但一樣的，因為大家都只是「人」，大家學養如何豐沛、經驗如何豐富，很少醫師敢肯定，自己做的判斷絕絕對對是最好最完美的。

當然，專業的醫師有他們的專業背景知識，他們幫忙我們所做出的診斷與建議，通常都比我們胡亂猜想的要來得精確許多。只是，專業的見解並不表示我們就要無條件的接受。而這也剛好是彌爾之所以認為，我們應該要尊重自主權的另外一個理由。對彌爾來說，專業當然有它的價值在，其實彌爾他本人不大喜歡民主政治的理由，就是因為他覺得參與民主選舉的民眾，常常缺乏專業素養，做出讓人匪夷所思的決策（彌爾對代議民主不滿，在他的《論代議政府》(*Representative Government*) 中，有很深刻的、犀利的論述），而這也是為什麼他在《論自由》這本書中強調民選政府除了傷害原則所允許的狀況以外，不得干涉國民的生活與價值——缺乏相關知識的民眾選出來的政府，可以想見，制定出來的政策大概也不會高明到哪裡去，在這樣的狀況下，大部分的人「大概」也不會認為民選政府有能力「幫助」民眾謀取更大的福祉吧？

然而，就算是我們當代的社會運作方式類似於柏拉圖的理想國，政府機關都是由真正的專家、最優秀、最聰明、最為人民著想的哲學家主持，這樣的政府所制定的政策也不能逾越傷害原則。彌爾認為，這些最優秀、最專業的人所想出來的政策、建議，其實根本就不需要用「我是為你好」這樣的方式，強迫別人接受自己的見解。他相信真理越辯越明，如果專家的見解真的站得住腳，有非常好的論據可以支持專家的立場，那無論一般民眾如何抛出問題質疑專家的說法，專家都能夠找出方法來一一回答相關的質疑。只有虛假的謊言、靠不住的教條，才需要用「為你好」當作護身符。

更進一步來說，如果專家學者認為，民眾服從他們的指示，比起讓民眾自己主動思考、主動抉擇來得好，那人之所以為人的意義到哪裡去了？彌爾認為，如果這種「為你好」的論調可以無視他人的自主權，被如此對待的「人」就跟受人操縱的傀儡沒有什麼兩樣。沒有主動思考為什麼要採取這樣的方式達成如此的目的的「人」，只是執行別人所說的話，一個口令一個動作，那跟按下數字鍵一就會在螢幕上顯示一、按加總就會加總的電子計算機，有什麼不同？擁有充足理性能力的人，應該要儘可能的利用自己的能力幫自己做每一個決定，而不是沒有質疑地服從他人。

回到醫療的第一線上，我們也能看到許多跟這樣的想法呼應的措施。好比說，不管病患要動的刀有多麼小，醫護人員都會拿出知情同意書，請病患本人或是病患的親屬、法定代理人先詳細了解手術流程、風險，如果認同這樣的手術，那就在同意書上簽章，表明是自己「自主地」願意承擔相關的風險、「自主地」請託醫療團隊幫忙執行手術。如果病患或是其親屬不願意接受手術，即便醫師再怎麼希望病患能夠接受相關的治療，醫生都應該尊重他們的自主權，不能夠強加自己的想法在他人身上。只是，雖然在醫療實務上，大多數的醫護人員都遵守這樣的原則，而這樣的哲學基底，似乎也非常的堅實，但就如其他的哲學理論一樣，總是百密中會有一疏。這個支持自主權的說法並沒有明確的說明，到底誰有「充足的理性能力」為自己的未來做規劃、幫自己做出自主權。

就像我們一般所想的一樣，彌爾也不認為小孩子有足夠的能力幫自己做出真正自主的選擇，他和我們一樣，也認為在這樣的情況底下，父母親可以否決小孩子的想法，幫小孩子做出較為明智的選擇。然而，到什麼時候，小孩子才不再是小孩子，變成了有行為自主能力的「大人」？法律上劃分的年齡界線雖然是個很方便的做法，但是這樣的法律規範畢竟只是個約定俗成、讓大家圖個方便的界定方式而已，法律上的成不成年，常常跟實際上掌握的理性能力無法完全相應。生活中我們有時也會見到有些年紀一把的人，行事思維卻像是青春期的孩子一樣魯莽，到底哪些人真的有足夠的能力來為自己做主，這並不是非常容易認定。

4. 代替意亂情迷的人做的決定，只是實現他真正的希望？

順著這個理路，我們不難發現，對於到底誰有能力主張自己有自主權、自己的自主選擇應該要被接受，更深度地細究下來，其實重點應該放在有沒有足夠的理性能力。就算是心智成熟的成年人，有的時候也會暫時性的喪失相關的能力，沒有辦法做出真正「自主」的決定。這就是為什麼，有些學者仍然認為，除了傷害原則以外，在某些特定的條件底下，我們仍然有很好的理由，用類似於「我是為你好」的理由，來推翻別人做出的決定。當代的政治哲學大師傑拉德・德沃金（Gerald Dworkin, 1937– ）就曾經用希臘史詩〈奧德賽〉（The Adventure of Odyssey）作為例子，說明為什麼有的時候我們可以忽略別人的要求以外，我們甚至可以進一步地限制別人的行為。

在希臘史詩〈奧德賽〉中，有過這麼一段小故事。男主角奧德賽知道自己即將通過的海域上，居住著海妖賽蓮(Sirens)。賽蓮的歌聲非常的動聽，有一種蠱惑人心的神祕力量，許多水手行經那片海域時，不小心聽到了她的歌聲，便因此心神喪失，最後導致船隻觸及到暗礁，葬身於大海之中。奧德賽非常好奇賽蓮的歌聲究竟有多麼動人，竟然可以讓人如此著迷，但他同時也知道，如果冒險去聽，他有極大的可能會像前人一樣失去性命。於是，他想到了一個妙計。他要求他的水手們，每個人都必須用白蠟製成非常緊密的耳塞，藉此將雙耳封住，以免受到賽蓮的影響，至於他自己，他請水手們將他綁縛在桅桿上，並且告訴他們，當通過賽蓮駐守的那片海域時，他可能會因為歌聲而發狂，但無論他如何掙扎、哀求，他們都絕對不能將繩索鬆綁。

當船進入到了那片海域時，果不其然，雙耳由白蠟封住的水手一如往常的划著槳，然而聽見賽蓮歌聲的奧德賽卻開始發狂，不斷的叫喊，想要水手將他從桅桿上解下。然而，見到如此狀況的水手雖然知道發狂的奧德賽當下希望可以從束縛中掙脫，但因為奧德賽先前交代過，無論他如何懇求，都千萬不能答應自己的要求，所以水手選擇無視了奧德賽的請求，將他繼續綁縛在桅桿上，直到離開那片海域。就這樣，奧德賽在那片海域上聽見了海妖之歌，也發了狂，但因為手下的水手遵從他的指示，不聽從他所提出的任何要求，最終得以保全性命。

在這個故事之中，奧德賽知道如果他真的聽見了賽蓮的歌聲，他一定會失去理智，做出危害自己的行為。雖然在那個當下，失心瘋的他會「認真地」想要自殘、想要跳海自殺，他這樣真心誠意的想法卻只是一時的。如果我們單純地按照彌爾的傷害原則來行事，在奧德賽陷入混亂時，我們也不能限制他的行為或者是干預他的決定。因為奧德賽就算是自殺，他的行為也沒有危害到其他人，在這樣的狀況下，我們不能借用彌爾的傷害原則來為拯救奧德賽的生命辯護。畢竟，用「拯救性命」作為理由，其實背後的想法依然是所謂的「我是為你好」的想法。

德沃金用奧德賽與海妖賽蓮的故事提醒我們，人類常常會陷入不理性的狀態，如果我們知道自己什麼時候很有可能會陷入如此的危機，那我們可以事先將自己「委託」給他人，請求對方在自己喪失判斷力時，阻止自己做出傻事。這個「不理性防治法」，從德沃金的看法來說，其實就是政府所制定的各式法律效力來源。以開車要繫安全帶這件事情來說，有些開車不喜歡繫安全帶的人，很有可能是不知道安全帶可以提供給自己多大的保障，所以無從做出真正理性、自主的選擇。有些人可能會覺得繫安全帶對他們的生活造成「極大的」不便，這個不便在他們做效益評估時，完全抵銷了「繫安全帶保障生命安全」可以帶來的正面效益，甚至整體效益可能對他們而言是負面的。然而，客觀的數據像是「繫不繫安全帶對駕駛在遭遇嚴重車禍時的存活率影響」可能會告訴我們，將繫安全帶可以帶來的保障看得那麼輕、不舒服的感覺給予那麼大的權重，不是一個很理性的利害權衡。我們透過一些問答分析，很可能會發現，無論是出於什麼因素而不想繫安全帶，這些駕駛在陳述自己的立場時，往往會出現自相矛盾的情況：

「我當然不希望出車禍的時候，因為撞擊力道太大，整個人飛出車子而死亡啊！」

「那為什麼不考慮繫安全帶呢？這樣你就可以排除飛出去的可能性了啊？」

「雖然我不想要因為飛出車外而死亡，但我還是不想要繫安全帶。」

「那這樣你就不能保護自己，讓自己遇到大車禍時不會飛出去，不是嗎？」

「我就是不想繫。」

如果你覺得這段鬼打牆的對話很荒謬，那你一定掌握到了其中的問題。那就是，不想繫安全帶的駕駛他所陳述的立場，其實換個方式來表達就是在說：「我想要在大車禍中活命，而且，我不想要在大車禍中活命。」這……這……到底在說什麼呢？

德沃金認為，這種荒誕的想法，其實問到最後，我們通常都會發現，不想遵守這些規則的人，心裡真正想要的，是遵守這些規則所能帶來的好處。而政府之所以可以用這些法條來干預我們的生活，就是因為我們自己知道，在很多時候我們可能會因為缺乏相關資訊而做出有違我們心意的抉擇，或者是明明有了相關資訊，卻因為一時的不理性而固執的不願意接受。了解這點的我們，就像是想要聽賽蓮唱歌的奧德賽一樣，在還沒有喪失理性判斷能力之前，先授權給他人干預我們生活的權力，「自主」地將自己託付給他人，請他人基於為我們著想的立場，暫時地「不尊重」我們做出的決定。

這個說法補充了傷害原則之外，還有說明什麼樣的情況下我們可以「干預」別人的行為——如果別人授權了我們在某某情況底下，即便是他們當下非常的不情願，也要不顧他們的感受，嚴格執行他們先前授權的權力的話，那我們就可以干預他們的行為。這個說法雖然聽起來沒有什麼太大的問題，但是在實務上，要明確地說明清楚，到底在哪樣的情況下，我們希望他人來干預我們的行為，其實非常的困難。如果我們討論的狀況為參加減重班，希望醫師、教練可以制止自己不按醫囑進食或是運動，這樣的情況當然非常好界定。但放回到真正的生活情境中，有許多狀況可能是連我們自己也始料未及的，那我們怎麼有可能找到信賴的人或是機構，授權他們來幫助我們渡過那些人生中的起落？他人又怎能在這些突如其來的狀況中，精確地推知，「要是」我們當下神智清明，我們會想要怎麼做？

又如同先前所提到的牙科問題，就算問題可以用非常客觀的方式來呈現，但不同的人對如何解決同一個問題常常有不同的想法，評估風險也是一樣的狀況。以繫安全帶為保安全這個例子，我們如果認同政府機關可以用「不繫安全帶會帶來太大的生命危險」來為不繫安全帶要開罰的法條辯護，那我們似乎也應該認為，政府機關基於這個立場，也應該要立法禁止任何的極限運動。以攀登喜馬拉雅山來說，從世界上第一次有人挑戰登上最高峰到二〇一一年之間，已經有兩百一十九位登山專家死於攀登珠穆朗瑪峰的路途上——從統計數據來看，大概每二十五位挑戰者中，就有一人喪生。而二〇一五年四月底的尼泊爾大地震，又將死亡人數往上推升。這麼高的死亡率，攀登喜馬拉雅山依然合法，死亡率相對低的不繫安全帶，卻被許多國家認為不合法，這不是很奇怪嗎？

這些難以解決的困難，或許是為什麼當醫護人員在面對是否要幫病患進行重大手術這樣的情況時，即使跟手術相關的統計數據他們可以倒背如流、知道病患的恐慌可能會讓他們做出對有專業背景的醫護人員來說「不理性」的選擇，醫療人員泰半還是選擇依照標準的作業流程——詳細解說手術過程與相關風險，請病患或是病患的家屬做決定。

小結

在醫病關係越來越緊張的臺灣，到底醫護人員可以如何幫助病人，變成了許多第一線人員頭痛不已的問題。當病人聽信偏方，把吃毒當作吃補還執迷不悟時，醫師真的不能夠偷偷將病人的偏方掉包，換成安慰劑來保護病人的健康嗎？如果病人明明就沒有蛀牙，卻堅持要求牙醫將自己「自認為」有蛀牙的牙齒拔掉，醫生要遵從這樣的病人的意見嗎？因為相信自然產比較「好」卻又無法順利生產的孕婦，在面臨生死交關的時刻，婦產科的醫生真的還要尊重孕婦及其家屬的價值觀，不強行進行緊急剖腹產嗎？在過去，醫護人員只需要按照他們的專業知識幫助病患找到一個安全、最能恢復健康的療程就好，但是當代多元價值還有個人自主權成為主流思潮以後，醫護人員所扮演的角色從主導變成協助，到底要如何在尊重病人與專業判斷之間做平衡，這在當代醫療實務之中是個非常嚴肅又難解的問題。

二〇一五年十二月號的《環球脊椎期刊》(*Global Spine Journal*) 就有篇文章報導了某項在美國被緊急中止的「病人滿意度研究計畫案」，那項研究計畫進行到一半時就發現，如果醫護人員的薪酬跟病人的滿意度綁在一起，那醫護人員給予病人的醫療「服務」的「滿意度」確實會上升，但是，病人在之後的死亡率與復發率也跟著大幅上升——研究人員發現的時候，病患整體的死亡率上升了238%，因為醫療道德考量，他們必須要馬上、立即暫停。只要詢問仍在執業的醫師，他們通常都不會太訝異這個研究會遇到如此狀況，畢竟，許多醫療實務上的必經流程，如手術前的禁食等等的，本來就會令人不開心，如果醫生為了讓病人「滿意」、「開心」，或說是「尊重」病人的意願，不嚴格要求病人服從這些流程，那死亡率大幅上升，是非常自然的事情。到底具備專業知識的醫師要怎麼與不具備專業知識的病人溝通、互動，這可能是醫師與病人兩造之間，都須花一輩子來學習的課程。

延伸閱讀

Chapman, Jens R. (2015). Scientific Pride or Prejudice. *Global Spine Journal*, *5*(6), 453–454.

Dworkin, Gerald. (1972). Paternalism. *The Monist*, *56*(1), 64–84.

Doktor Schnabel. (2014). Patient Satisfaction Survey Study Halted, Mortality Increased 238% with Patient Satisfaction. Retrieved from http://gomerblog.com/2014/08/patient-satisfaction–2/

Kant, Immanuel (1996). *Kant: The Metaphysics of Morals*. Cambridge University Press.

Mill, John S. (1993). *On Liberty and Utiliarianism*. New York: Bantam Dell.

烏龍邏輯？　劉福增　著

國際知名邏輯學家丘崎教授應殷海光教授之邀，到臺灣進行學術交流。研討會結束後，一邊欣賞寶島風光、一邊談著范恩圖解、選言三段論法……基本邏輯的趣味就在笑談中——展現，發現，原來邏輯就在你我身邊！

人心難測——心與認知的哲學問題　彭孟堯　著

身處現代社會，我們夢想創造出會思考的機器人，更夢想著有一天機器人能夠更像人：除了思考，還有喜怒哀樂。人類真能辦到嗎？本書以哲學家對這些問題的討論做了些整理，讓讀者對人類價值作深切反思，亦是開拓視野的閱讀經驗。

希臘哲學史　李震　著

了解哲學能更了解生命，古希臘哲人們的學說是如何發展、如何影響後世？本書剖析古希臘哲學各家各派，並旁徵博引各古書斷簡，將形上學的超越精神，簡明清晰的呈現在讀者眼前。